Création de l'Ultime Joueur de Basketball:

Apprenez les secrets utilisés par les meilleurs joueurs et entraîneurs de basketball professionnel pour améliorer votre condition physique, votre Nutrition, et votre Ténacité Mentale

Par

Joseph Correa

Athlète Professionnel et Entraîneur

DROITS D'AUTEUR

Cette publication est conçue pour fournir des informations exactes et faisant autorité en ce qui concerne le sujet traité. Elle est vendue avec la compréhension que ni l'auteur ni l'éditeur ne sont engagés dans l'apport de conseils médicaux. Si des conseils ou une assistance médicale sont nécessaires, consulter un médecin. Ce livre est considéré comme un guide et ne doit être utilisé en aucune façon pour nuire à votre santé. Consultez un médecin avant de commencer et assurez-vous qu'il est adapté à votre cas.

REMERCIEMENTS

A ma famille, pour leur amour inconditionnel et leur soutien lors de la création et du développement de ce livre.

Création de l'Ultime Joueur de Basketball:

Apprenez les secrets utilisés par les meilleurs joueurs et entraîneurs de basketball professionnel pour améliorer votre condition physique, votre Nutrition, et votre Ténacité Mentale

Par

Joseph Correa

Athlète Professionnel et Entraîneur

A PROPOS DE L'AUTEUR

Ayant performé comme athlète professionnel, je comprends ce qui se passe dans votre esprit et comment il peut être difficile d'améliorer vos performances et de passer au prochain niveau.

Les trois plus grands changements dans ma vie sont venus de l'amélioration de ma force et du conditionnement, d'une flexibilité accrue et **d'une augmentation de capacité de concentration à travers la méditation et la visualisation.**

La méditation et la visualisation m'ont aidé à contrôler mes émotions et à simuler des compétitions en direct avant même qu'elles n'arrivent.

L'ajout de yoga et de longues périodes d'étirements ont réduit mes blessures à presque zéro et ont amélioré ma réaction et ma vitesse.

Améliorer mon alimentation m'a plus que permis de continuer à exercer a mon niveau maximum dans des conditions climatiques difficiles qui auraient pu me toucher dans le passé, causant des crampes et des étirements de muscles.

De loin, la méditation et la visualisation peuvent tout changer, peu importe quelle discipline sportive vous suivez. Vous verrez comment cela est puissant une fois que vous y passez plus de temps et que vous y consacrez un minimum de 10 minutes par jour à la respiration, à focaliser vos pensées et à vous concentrer.

INTRODUCTION

Pour atteindre votre véritable potentiel vous devez être à votre condition physique et mentale optimale et pour ce faire, vous devez commencer par un plan organisé qui vous aidera à développer votre force, votre mobilité, votre nutrition et votre force mentale. Ce livre fera justement ceci. Bien se nourrir et s'entrainer dur sont deux des pièces du puzzle, mais il vous faut la troisième pièce pour rendre tout cela possible. La troisième pièce est la force mentale et qui peut être obtenue grâce à des techniques de méditation et de visualisation enseignées dans ce livre.

Ce livre va vous apporter ce qui suit:

-Des Calendriers de formation Normale et Avancée

-Des exercices dynamiques d'échauffement

-Des exercices de formation Haute Performance

-Des exercices actifs de récupération

-Un Calendrier de Nutrition pour augmenter la masse musculaire

-Un Calendrier de Nutrition pour brûler les graisses

-Des Recettes de construction de Muscle

-Des Recettes pour brûler la graisse

-Des Techniques de Respiration Avancées pour améliorer les performances

-Des Techniques de Méditation

-Des Techniques de Visualisation

-Des sessions de visualisation pour améliorer les performances

Le conditionnement physique et la musculation, la nutrition intelligente, et les techniques de méditation / visualisation avancées sont les trois clés pour atteindre des performances optimales. La plupart des athlètes manquent d'un ou deux de ces ingrédients fondamentaux, mais en prenant la décision de changer, vous aurez la possibilité de réaliser un nouveau vous "ULTIME".

Les athlètes qui commencent ce plan de formation verront les résultats suivants :

- Augmentation de la croissance musculaire

- Des niveaux de stress réduits

- Amélioration de la force, de la mobilité, et de la réaction

- Meilleure capacité à se concentrer pendant de longues périodes de temps

- Devenir plus rapide et plus durable

- Faible fatigue musculaire

- Des temps de récupération plus rapides après les compétitions ou les entraînements

- Augmentation de la flexibilité

- Mieux Vaincre la nervosité

- Meilleur contrôle sur votre respiration

- Le contrôle de vos émotions sous pression

Faites le bon choix. Faites du changement. Créez un nouveau vous « ULTIME ».

SOMMAIRE

CHAPITRE 3: COMMENT LES ATHLÈTES PEUVENT-ILS BÉNEFICIER DE LA MÉDITATION

CHAPITRE 4: LES MEILLEURS TYPES DE MÉDITATION POUR LE BASKETBALL

CHAPITRE 5: COMMENT SE PRÉPARER A MÉDITER

CHAPITRE 6: MÉDITER POUR UN MAXIMUM DE RÉSULTATS AU BASKETBALL

CHAPITRE 7: TECHNIQUES DE VISUALISATION POUR DES RÉSULTATS AMÉLIORÉS AU BASKETBALL

CHAPITRE 8 : TECHNIQUES DE VISUALISATION : VISUALISATIONS MOTIVATIONNELLES

CHAPITRE 9 : TECHNIQUES DE VISUALISATION : VISUALISATION POUR LA RÉSOLUTION DE PROBLEMES

CHAPITRE 10 : TECHNIQUES DE VISUALISATION : VISUALISATIONS ORIENTÉES VERS UN BUT

CHAPITRE 11: TECHNIQUES DE RESPIRATION POUR MAXIMISER VOTRE EXPÉRIENCE DE VISUALISATION ET AMÉLIORER VOS PERFORMANCES

COMMENTAIRES DE CLÔTURE

AUTRES GRANDS TITRES PAR CET AUTEUR

CHAPITRE 1: EXERCICES DE FORMATION HAUTE PERFORMANCE POUR LE BASKETBALL

CALENDRIER "NORMAL" DE HAUTE PERFORMANCE

NORMAL

Dimanche	Lundi	Mardi	Mercredi	Jeudi	Vendredi	Samedi
				1	2	3
4	5 Partie Supérieure du corps **Gamma**	6 Récupération Active **Gamma**	7 Partie Inférieure du corps **Gamma**	8 Partie Principale **Gamma**	9 Récupération Active **Gamma**	10 Vitesse /Partie Explosive
11 Récupération Active	12 Partie Supérieure du corps **Delta**	13 Récupération Active **Delta**	14 Partie Inférieure du corps **Delta**	15 Partie Principale **Delta**	16 Récupération Active **Delta**	17 Vitesse / Partie explosive
18 Récupération	19 Partie Supérieure	20 Récupération	21 Partie Inférieure	22 Partie	23 Récupération	24 Vitesse / Partie

Active	du corps	Active	du corps	Principale	Active	explosive
Gamma	**Gamma**	**Gamma**	**Gamma**	**Gamma**		
25	**26**	**27**	**28**	**29**	**30**	**31**
Récupération Active	Partie Supérieure du corps	Récupération Active	Partie Inférieure du corps	Partie Principale	Récupération Active	Vitesse / Partie explosive
	Delta	**Delta**		**Delta**	**Delta**	
			Delta			

INSTRUCTIONS:

QUATRE PAR SEMAINE

Chaque semaine, vous achèverez 4 séances d'entraînement qui ciblent différentes zones du corps. Ceci est pour vous assurer que votre corps est constamment obligé de s'adapter.

PERSONNALISEZ VOS EXERCICES

Chaque split (supérieur, inférieur, le noyau et la Vitesse / l'explosivité) aura 10 exercices différents que vous pouvez choisir.

MODELE PRÉÉTABLI

Vous pouvez également choisir de suivre notre calendrier préétabli pour vous assurer d'améliorer tous les aspects de votre athlétisme.

CALENDRIER "AVANCÉ" DE HAUTE PERFORMANCE

AVANCÉ

Dimanche	Lundi	Mardi	Mercredi	Jeudi	Vendredi	Samedi
				1	2	3
4	5 Partie Supérieure du corps **Gamma**	6 Récupération Active **Gamma**	7 Partie Inférieure du corps **Gamma**	8 Partie Principale **Gamma**	9 Récupération Active **Gamma**	10 Vitesse / Partie explosive
11 **Active recovery**	12 Partie Supérieure du corps **Delta**	13 Récupération Active **Delta**	14 Partie Inférieure du corps **Delta**	15 Partie Principale **Delta**	16 Récupération Active **Delta**	17 Vitesse / Partie explosive
18 **Active recovery**	19 Partie Supérieure du corps **Gamma**	20 Récupération Active **Gamma**	21 Partie Inférieure du corps **Gamma**	22 Partie Principale **Gamma**	23 Récupération Active **Gamma**	24 Vitesse / Partie explosive
25 **Active recovery**	26 Partie Supérieure du corps **Delta**	27 Récupération Active **Delta**	28 Partie Inférieure du corps **Delta**	29 Partie Principale **Delta**	30 Récupération Active **Delta**	31 Vitesse / Partie explosive

INSTRUCTIONS:

QUATRE PAR SEMAINE

Chaque semaine, vous achèverez 4 séances d'entraînement qui ciblent différentes zones du corps. Ceci est pour vous assurer que votre corps est constamment obligé de s'adapter.

PERSONNALISEZ VOS EXERCICES

Chaque split (supérieur, inférieur, le noyau et la Vitesse / l'explosivité) aura 10 exercices différents que vous pouvez choisir.

MODELE PRÉÉTABLI

Vous pouvez également choisir de suivre notre calendrier préétabli pour vous assurer d'améliorer tous les aspects de votre athlétisme.

COMMENT LIRE LE CALENDRIER ?

Le premier calendrier est votre niveau normal d'athlète et est décrit comme "NORMAL". Il s'agit de ce que vous devez suivre dans des circonstances normales.

Le second est la version plus et il est décrit comme « AVANCÉ ». Il s'agit de ce que vous devez suivre si vous choisissez d'augmenter l'intensité. Pour cette version, doublez les ensembles qui sont affectés mais non pas la gamme de Répétitions.

QUE VAIS-JE ÊTRE CAPABLE D'ACCOMPLIR APRÈS CE PROGRAMME?

Le but de l'entraînement est d'améliorer tous les aspects de la performance physique: la force, l'agilité, la puissance et l'endurance. En tant que tel, cet entraînement est le complément parfait à un régime alimentaire sain pour tout athlète.

EXERCICES D'ÉCHAUFFEMENT DYNAMIQUES

C'est un ensemble de 4 exercices (en dehors des 40 principaux exercices) que l'athlète devra remplir avant chaque séance d'entraînement (dénommé scission dans ce livre). Les jours de récupération Active, l'athlète devra compléter ces exercices en combinaison avec une séance de 30 minutes de cardio modérée au lieu de 15.

a. Rouleaux et s'asseoir en V: Commencez par vous asseoir sur le sol. Ensuite propulsez-vous vers l'arrière en roulant vos genoux vers l'intérieur afin qu'ils touchent votre poitrine (votre poids devrait être mis sur le dos maintenant) avec vos bras étendus sur le sol. Enfin, roulez-vous à la position en avant et étendez vos jambes afin qu'elles forment un V. Effectuez cet exercice 15 fois.

b. Bouches d'incendie: Commencez par descendre sur vos genoux, les paumes à plat sur le sol (de la largeur des épaules). Assurez-vous que votre dos est droit. Sans bouger votre dos, dessinez un cercle avec votre genou afin qu'il se déplace vers l'extérieur, vers l'avant et à l'arrière. Répétez l'opération 15 fois pour chaque jambe.

c. Squat et attente: Effectuez un squat et maintenez-le pendant que vous êtes à la position de fond pendant 30 secondes.

d. Fente avant: Effectuez des mouvements brusques en avançant à chaque fois. 12 répétitions pour chaque jambe (24 répétitions au total).

DES EXERCICES DE FORMATION HAUTE PERFORMANCE

Exercices Partie Supérieure du Corps

Ce sont les exercices que vous allez terminer sur les jours marqués « Partie Supérieure du corps» dans votre calendrier.

1. Push-ups négatifs (poitrine)

Comment:

a. Allongez-vous sur le sol vers le bas et la position de vos mains à la largeur des épaules.

b. Lentement abaissez-vous vers le bas jusqu'à ce que la poitrine soit élevée de la hauteur d'un poing du plancher (tempo: 3 secondes).

c. Poussez-vous rapidement vers le haut (Tempo: 1 seconde).

Régime de Répétition:

*** 3 séries de 12 répétitions. Chaque jeu doit être difficile, mais vous ne devriez pas atteindre l'échec complet. Vous devriez être en mesure de faire 2-3 répétitions de plus après la 12eme répétition. Ajustez la plage de répétitions jusqu'à ce que vos critères soient remplis, mais ne modifiez pas le nombre de sets.

Bénéfices Pour la Santé:

+++ Force, ++ Souplesse, ++ Renforcement des articulations

2. Push-ups diamant (triceps, la poitrine)

Comment:

a. Allongez-vous sur le sol visage vers le bas et positionnez vos mains plus étroitement que la largeur des épaules.

b. Abaissez-vous lentement vers le bas jusqu'à ce que la poitrine soit élevée de la hauteur d'un poing du plancher

c. Poussez-vous vers le haut

Régime de Répétition:

*** 3 séries de 12 répétitions. Chaque jeu doit être difficile, mais vous ne devriez pas atteindre l'échec complet. Vous devriez être en mesure de faire 2-3 répétitions de plus après la 12eme répétition. Ajustez la plage de répétitions jusqu'à ce que vos critères soient remplis, mais ne modifiez pas le nombre de sets.

Bénéfices Pour la Santé:

+++ Force, +++ Endurance

3. Push-Up sur un bras (triceps, la poitrine)

Comment:

a. Allongez-vous sur le sol vers le bas et positionnez vos mains à la largeur des épaules

b. Laissez un bras en face de vous et mettez l'autre sur le dos

c. Abaissez-vous vers le bas et poussez-vous pour remonter

Régime de Répétition:

*** 5 séries de 5 répétitions. Si le démarrage est trop difficile, commencez à un faible niveau et travaillez pour remonter. Si c'est encore trop difficile, effectuez les exercices avec vos mains sur une plate-forme surélevée (boîte, livres, etc.).

Bénéfices Pour la Santé:

+++ Force, +++ flexibilité, +++ Explosivité

4. Pull-up (dos, biceps)

Comment:

a. Attrapez la barre au niveau des épaules, les paumes vers l'avant.

b. Pendant que vous êtes accroché, apportez votre torse légèrement en arrière pour former une petite pente

c. Tirez votre torse jusqu'à ce que la barre touche ou est près de toucher la partie supérieure de votre poitrine

d. Abaissez-vous et répétez

Régime de Répétition :

*** 3 séries de 10 répétitions. Chaque ensemble doit être difficile, mais vous ne devriez pas atteindre l'échec complet. Vous devriez être en mesure de faire 2-3 répétitions de plus après la 10e répétition. Ajustez la plage de répétition jusqu'à ce que les critères soient remplis, mais ne modifiez pas le nombre de jeux.

Bénéfices Pour la Santé:

+++ Force, +++ Endurance

5. Musculation (poitrine, triceps, dos)

Comment:
a. Suspendez-vous à une barre avec les pouces sur le dessus de la barre (pas autour de la barre)
b. Hissez-vous, comme si vous faisiez un pull-up
c. Roulez votre poitrine sur la barre en faisant la transition d'une position de pull-up à une position de plongeon
d. Abaissez-vous vers le bas et répétez

Régime de Répétition : *** 5 séries de 5 répétitions. Si l'exercice est trop difficile, commencez avec une faible gamme de répétitions et faites-vous travailler pour progresser. Si c'est encore trop difficile, effectuer 10 séries d'1 répétition pour pouvoir progresser.

Bénéfices Pour la Santé:

+++ Force, ++ Agilité

6. Dips (triceps, poitrine)

Comment:

a. Placez vos mains de chaque côté de la barre afin que vos bras soient en extension complète et vous soutiennent

b. Abaissez votre corps en pliant le coude tout en veillant à ce que le mouvement soit contrôlé

c. Appuyez sur votre corps en arrière jusqu'à la position de départ

Régime de Répétition :

*** 3 séries de 15 répétitions. Chaque ensemble doit être difficile, mais vous ne devriez pas atteindre l'échec complet. Vous devriez être en mesure de faire 2-3 après répétitions de plus après les 15 répétitions. Ajustez la plage de répétition jusqu'à ce que les critères soient remplis, mais ne modifiez pas le nombre de jeux.

7. Pull-up en forme de L (dos, biceps)

Comment:
a. Placez-vous dans une position régulière de pull-up
b. Soulevez vos jambes comme pour effectuer une élévation de la jambe (les jambes doivent former un angle de 90 degrés avec votre torse)
c. Hissez-vous autant que possible tout comme un pull-up régulier
d. Abaissez-vous et répétez

Régime de Répétition:

*** 5 séries de 5 répétitions. Si c'est trop difficile, réduisez les répétitions mais pas les jeux jusqu'à ce que vous puissiez effectuer tous les 5 sets.

Bénéfices Pour la Santé:

++++ Force, +++ flexibilité, ++ Endurance

8. Pull-Up avec Large Prise (retour)

Comment:

a. Prenez la barre plus large que la largeur des épaules, les paumes vers l'avant.

b. Pendant que vous êtes accroché, ramenez votre torse légèrement en arrière pour former une petite pente

c. Tirez votre torse vers le haut jusqu'à ce que la barre touche ou soit près de toucher la partie supérieure de votre poitrine

d. Abaissez-vous et répétez

Regime de Répétition :

*** 3 séries de 10 répétitions. Chaque ensemble doit être difficile, mais vous ne devriez pas atteindre l'échec complet. Vous devriez être en mesure de faire 2-3 répétitions de plus après la 10e répétition. Ajustez la plage de répétition jusqu'à ce que les critères soient remplis, mais ne modifiez pas le nombre de jeux.

Bénéfices Pour la Santé:

+++ Force, +++ Endurance

Séance d'entrainement Delta X : effectuer les exercices 1,3,5,8
Entraînement Gamma: effectuer les exercices 2,4, 6,7

Exercices de la Partie Inférieure du Corps

Ce sont les exercices que vous ferez durant les jours marqués "Partie Inférieure du Corps" dans votre calendrier.

1. Tuck Jump (fessiers, quads)

Comment:

a. Tenez-vous debout avec les épaules bien élargies et les genoux légèrement courbés.
b. Sautez, et ramenez les genoux au niveau de la poitrine et étendez vos bras droit au-dessus de la tête. Sautez, ramenez les genoux au niveau de la poitrine et étendez les bras droit vers le haut.

Régime de Répétition:

***3 sets de 20 répétitions.

Bénéfices Pour la Santé:

+++ Gains de Force Explosive, ++Flexibilité accrue

2. Wall sit (fessiers, quads)

Comment:

a. Positionnez-vous le dos au mur (faisant face a l'autre cote) Accroupissez-vous/glissez jusqu' à ce que les fessiers soient parallèles au sol

b. Tenez-vous dans cette position

Régime de Répétition:

***3 sets of 120 seconds.

Bénéfices Pour la Santé:

++Endurance, +++Seuil Lactique, ++Force

3. Longe (quads)

Comment:

a. Debout avec les épaules bien élargies
b. Avancez la jambe droite le plus possible mais sans trop en faire
c. Pliez la jambe gauche jusqu'à ce que le genou gauche soit prêt de toucher le sol
d. Redressez-vous
e. Répétez avec la jambe gauche (en pliant la droite)

Régime de Répétition:

***3 sets de 15 répétitions.

Bénéfices Pour la Santé:

++Force, ++Stabilité

4. Squat Aérien (fessiers, quads)

Comment:

a. Debout avec les pieds écartés à la largeur des épaules.

b. Asseyez-vous en poussant les hanches vers l'arriere.

c. Assurez-vous de regarder en face et vers le haut pendant que vous faites cet accroupissement et que votre dos est bien droit.

d. Remettez-vous debout avec les jambes en extension totale.

Régime de Répétition:

***3 sets de 30 répétitions.

Bénéfices Pour la Santé:

+++Force, ++Endurance

5. Squat rapproché (quads)

Comment:

a. Debout avec les pieds aussi près que possible mais sans qu'ils se touchent

b. Asseyez-vous en bougeant vos hanches vers l'arriere et vos bras bien étendus droit devant vous.

c. Assurez-vous de regarder en face et vers le haut pendant que vous faites cet accroupissement et que votre dos est bien droit.

d. Remettez-vous debout avec les jambes en extension totale.

Régime de Répétition:

***3 sets de 30 répétitions.

Bénéfices Pour la Santé:

+++Force, ++Endurance, ++Balance

6. L'oiseau buveur (ischio-jambiers, quads)

Comment:

a. Debout sur une jambe en vous penchant légèrement, et en plaçant l'autre jambe derrière vous

b. Pliez vous vers l'avant de sorte que votre jambe qui se trouve derrière vous devienne parallèle à votre dos

c. Faites ceci tout en étirant vos bras le plus possible à l'avant.

d. Retournez à votre position de départ et répétez l'exercice.

Régime de Répétition:

***10 répétitions par jambes. Un set.

Bénéfices Pour la Santé:

+++Balance, ++Endurance

7. Elévation du mollet d'une seule jambe (Mollets)

Comment:

a. En vous tenant sur un rebord, les jambes écartées de l'espace des épaules de sorte que votre poids soit sur la balle frontale de votre pied.

b. Laissez une jambe sur le rebord et placez l'autre jambe légèrement vers l'arrière de sorte que tout votre poids est sur la balle d'un pied

c. Baissez-vous de sorte à contracter le muscle du mollet.

Régime de Répétition:

***2 sets de 20 répétitions par jambe.

Bénéfices Pour la Santé:

+++Force, ++Balance, ++Endurance

8. Poussées de Hanches (fessiers)

Comment:

a. Allongez-vous sur le sol, le visage vers le haut
b. Pliez les genoux à un angle de 90 degrés
c. Elevez vos fesses du sol en vous aidant de vos mains sur chaque coté
d. Abaissez et répétez

Régime de Répétition:

***3 sets de 12 répétitions. Chaque set doit être difficile, mais vous ne devriez pas atteindre un échec total. Vous devriez pouvoir faire 2-3 répétitions supplémentaires après la 12eme répétition. Ajustez la rangée des répétitions jusqu'a ce que vos critères soient atteints mais ne changez pas le nombre de sets.

Bénéfices Pour la Santé:

+++Force, ++Endurance

Séance d'entrainement Delta X : effectuer les exercices 1,3,5,8
Entraînement Gamma: effectuer les exercices 2,4, 6,7

Exercices Principaux

Ce sont les exercices que vous compléterez Durant les jours marques "Partie Principale" dans votre calendrier.

1. Planche

Comment:
a. Allongez-vous au sol, visage vers le bas, et positionnez vos bras à la même largeur que les épaules.
b. Assurez-vous de supporter votre poids avec vos orteils et vos avant-bras
c.   Maintenez cette position

Régime de Répétition:

***3 sets de 120 secondes.

Bénéfices Pour la Santé:

++Endurance, +++ seuil lactique, +++ stabilité de base

2. Torsion Russe

Comment:

a. Allongez-vous sur le sol (assis) avec les jambes pliées aux genoux

b. Assurez-vous que votre torse est en position verticale afin qu'il effectue un V avec vos cuisses

c. Étendez vos bras (en tenant ou sans tenir un poids) et tordre votre torse vers la droite autant que vous le pouvez

d. Répétez en tournant sur votre gauche

Régime de Répétition:

*** 3 séries de 20 répétitions. Chaque ensemble doit être difficile, mais vous ne devriez pas atteindre l'échec complet. Vous devriez être en mesure de faire 2-3 répétitions supplémentaires après la 20e répétition. Ajustez la plage de répétition jusqu'à ce que les critères soient remplis, mais ne modifiez pas le nombre de jeux. Bénéfices Pour la Santé:

++ Force, +++ stabilité de base

3. Élevation de la jambe

Comment:

a. Allongez-vous sur le sol avec vos jambes droites

b. Placez vos mains à côté de vos fessiers de chaque côté

c. Soulevez vos jambes pour faire un angle de 90 degrés tout en veillant à ce que vos jambes ne soient pas fléchies (vos mains devraient vous aider à vous équilibrer et à pousser sur le sol)

Régime de Répétition:

*** 3 séries de 20 répétitions. Chaque ensemble doit être difficile, mais vous ne devriez pas atteindre l'échec complet. Vous devriez être en mesure de faire 2-3 répétitions supplémentaires après la 20e répétition. Ajustez la plage de répétition jusqu'à ce que les critères soient remplis, mais ne modifiez pas le nombre de jeux.

Bénéfices Pour la Santé:

++ Force, +++ stabilité de base

4. Crunch

Comment :

a. Allongez-vous sur le sol, face vers le haut

b. Pliez vos genoux de sorte qu'ils forment un angle de 90 degrés

c. Soulevez votre torse juste assez pour que vos épaules ne touchent pas le sol (ne vous asseyez pas complètement)

Régime de Répétition:

*** 3 séries de 40 répétitions. Chaque ensemble doit être difficile, mais vous ne devriez pas atteindre l'échec complet. Vous devriez être en mesure de faire 2-3 répétitions supplémentaires après la 40e répétition. Ajustez la plage de répétitions jusqu'à ce que les critères soient remplis, mais ne modifiez pas le nombre de jeux.

Bénéfices Pour la Santé:

+++ Endurance, +++ stabilité de base

5. Planche de Push-Up

Comment:

a. Placez-vous en position de push-up

b. Abaissez-vous afin que vous soyez dans la première moitié du mouvement de push-up

c. Tenir cette position

Régime de Répétition:

*** 3 séries de 60 secondes. Chaque jeu doit être difficile, mais vous ne devriez pas atteindre l'échec complet. Réglez le temps, si nécessaire, mais pas le nombre de jeux.

Bénéfices Pour la Santé:

+++ Endurance, ++ stabilité de base

6. Tenir des moulins à vent couché

Comment:

a. Allongez-vous face vers le haut avec vos bras tendus et levez vos jambes afin qu'elles forment un angle de 90 degrés

b. Maintenez la position

Régime de Répétition:

*** 3 séries de 60 secondes.

Bénéfices Pour la Santé:

+++ Endurance, +++ Force

7. Planche de Spiderman

Comment:

a. Commencez en position régulière de planche avec votre poids sur les avant-bras et boules de vos pieds

b. Veillez à ce que le dos soit droit

c. Apportez le genou droit vers l'avant de sorte qu'il touche le coude droit

d. Retournez à la position de départ

e. Répétez l'opération avec le genou gauche

Régime de Répétition:

*** 3 séries de 10 répétitions. Chaque ensemble doit être difficile, mais vous ne devriez pas atteindre l'échec complet. Vous devriez être en mesure de faire 2-3 répétitions supplémentaires après la 10e répétition. Ajustez la plage de répétition jusqu'à ce que les critères soient remplis, mais ne modifiez pas le nombre de jeux.

Bénéfices Pour la Santé:

+++ Force, ++ Souplesse, ++ Endurance

8. Resserrement de vélos

Comment:

a. Allongez-vous sur votre dos avec vos mains derrière votre tête

b. Pliez les jambes afin qu'ils soient à un angle de 90 degrés

c. Apportez votre genou droit vers le coude gauche et de toucher si possible

d. Répéter l'opération avec le genou gauche

Régime de Répétition:

*** 3 séries de 20 répétitions. Chaque ensemble doit être difficile, mais vous ne devriez pas atteindre l'échec complet. Vous devriez être en mesure de faire 2-3 répétitions supplémentaires après la 20e répétition. Ajustez la plage de répétition jusqu'à ce que les critères soient remplis, mais ne modifiez pas le nombre de jeux.

Bénéfices Pour la Santé:

+++ Force, Endurance +++

Entrainement Delta X : effectuer les exercices 1,3,5,8

Entraînement Gamma: effectuer les exercices 2,4,6,7

Exercices de Vitesse/d'Agilité

Ce sont les exercices que vous devrez remplir sur les jours marqués "Vitesse / split d'explosivité" dans votre calendrier.

1. Sprints de Formation Haute Intensité (HIT)

Comment:
L'idée est de performer 8 sprints de 30 secondes à intensité maximale avec 2 minutes de repos entre chaque sprint.

Bénéfices Pour la Santé:
++ Puissance, +++Récupération, +++Vitesse

2. Sprints de Colline (HIT)

Comment:

L'idée est d'effectuer 5 sprints de 10-30 secondes sur une colline ou une surface inclinée avec 2 minutes de repos entre chaque sprint.

Bénéfices pour la santé:

+++Puissance, +++Vitesse

3. Mélange manuel (principal, poitrine, triceps)

Comment:

a. Placez-vous en position de push-up avec les mains de la largeur des épaules

b. Déplacez soit la main droite ou la main gauche vers le centre de la largeur des épaules

c. Déplacez l'autre main vers le centre. Vous devriez maintenant être dans une position de push-up diamant

d. Déplacez la première main pour revenir à la largeur des épaules

e. Déplacez la seconde main pour revenir à la largeur des épaules

f. Répétez aussi vite que possible

Régime de Répétition:

*** L'idée est d'effectuer 5 sessions de 60 secondes aussi vite que possible sans ralentir. L'épuisement n'est pas le but ici, donc si l'exercice est trop difficile, abaissez les sets à 30 secondes chacun pour maintenir une pleine Vitesse.

Bénéfices Pour la Santé:

Vitesse +++, ++ Agilité, +++ Coordination

4. Saut simple sur une seule jambe (quads, mollets)

Comment:

a. Debout jambes écartées de la largeur des épaules

b. Levez un genou de sorte à être debout sur une jambe en position balancée

c. Sautez vers l'avant aussi loin que possible pour les répétitions indiquées ci-dessous.

d. Répéter avec l'autre jambe

Régime de Répétition:

***3x15 sauts par jambe. L'idée est de faire l'exercice aussi rapidement que possible sans ralentir. La fatigue n'est pas le but ici, donc si l'exercice est trop difficile, diminuez les répétitions pour maintenir une Vitesse rapide.

Bénéfices Pour la Santé:

+++Vitesse +++Agilité ++Coordination

5. Le Saut de la boîte (quads, fessiers)

Comment:
a. Debout les jambes écartées de la largeur des épaules
b. Sauter sur la boîte les deux pieds en même temps
c. Redescendre

Régime de Répétition:
***3 sets de 30 sauts. L'idée est de faire l'exercice aussi rapidement que possible sans ralentir. La fatigue n'est pas le but ici, donc si l'exercice est trop difficile, diminuez les répétitions pour maintenir une Vitesse rapide.

Bénéfices Pour la Santé:
+++Puissance, +++Force, ++Endurance

6. Push-Ups avec applaudissement (poitrine, triceps)

Comment:

a. Débutez par une position de push-up traditionnel
b. Effectuez la poussée vers le haut, mais poussez sur le sol aussi dur que possible et applaudissez tandis que vous êtes dans l'air
c. Répétez

Régime de Répétition:

***5 sets de 5 Répétitions. L'idée est de faire l'exercice aussi rapidement que possible sans ralentir. La fatigue n'est pas le but ici, donc si l'exercice est trop difficile, diminuez les répétitions pour maintenir une Vitesse rapide.

Bénéfices Pour la Santé:

+++Puissance +++Force ++Forces des articulations

7. **Push-ups avec sauts pour les articulations (poitrine, triceps)**

Comment:

a. Débuter par une position de push-up traditionnel mais positionnez le poids sur vos deux articulations au lieu de votre main

b. Effectuez la poussée vers le haut, mais poussez sur le sol aussi dur que possible

c. Répétez

Régime de Répétition:

***5 sets de 5 Répétitions. L'idée est de faire l'exercice aussi rapidement que possible sans ralentir. La fatigue n'est pas le but ici, donc si l'exercice est trop difficile, diminuez les répétitions pour maintenir une Vitesse rapide.

Bénéfices Pour la Santé:

+++Force des Jointures, +++Puissance

8. Les sauts de boite tardive (quads, fessiers)

Comment:

a. Tenez-vous sur le côté d'une boîte ou d'une plate-forme surélevée

b. Mettez le pied très proche de la boîte ou sur le dessus de la boîte

c. Poussez sur ce pied et sauter aussi rapidement que possible

d. Descendez avec le pied correctement posé sur la boite

e. Répétez avec l'autre jambe

Régime de Répétition:

***3 sets de 12 Répétitions. L'idée est de faire l'exercice aussi rapidement que possible sans ralentir. La fatigue n'est pas le but ici, donc si l'exercice est trop difficile, diminuez les répétitions pour maintenir une Vitesse rapide.

Bénéfices Pour la Santé:

+++Force, +++Agilité

Entrainement Delta X : effectuer les exercices 1,3,5,8

Entraînement Gamma: effectuer les exercices 2,4,6,7

Glossaire

Récupération Active: reposer vos muscles tout en restant actif afin que le flux sanguin permette d'accélérer votre rétablissement

Agilité: la capacité d'être rapide, précis et efficace

Coordination: la capacité d'employer différentes parties du corps simultanément ou d'effectuer différentes tâches simultanément

Endurance: la capacité de produire un effort sur une longue période de temps

Echec : ceci est un épuisement complet, l'incapacité de continuer

Seuil lactique: ceci est le point où le lactate commence à s'accumuler dans le sang, ce qui produit une sensation de brûlure dans les muscles

Puissance: la capacité de produire le plus d'énergie dans le plus court laps de temps

Force: la capacité de soulever des charges plus élevées pour le même volume de travail

CHAPITRE 2: NUTRITION HAUTE PERFORMANCE POUR LE BASKETBALL

Pourquoi la nutrition est-elle importante?

Pour maximiser les effets de sessions de formation, il est important d'avoir une alimentation équilibrée grâce à des repas et/ou des jus ou des shakes. Pour améliorer votre condition physique, il faudra que vous vous nourrissiez de façon correcte, afin de ne pas être fatigué plus tôt que prévu.

Que dois-je manger ou boire avant l'entraînement ou en compétition?

La meilleure nourriture pré-entraînement idéale que vous devriez consommer se compose de: protéines maigres, glucides faciles à digérer, graisses oméga, légumes et légumineuses, et l'eau, qui doivent être consommés en quantités appropriées en fonction de vos besoins caloriques.

Pour vous aider à vous préparer pour la compétition, j'ai inclus des shakes hautement riches en nutriments et en protéines et/ou des jus, ainsi que des repas pour rendre votre processus digestif moins d'une distraction pendant que vous performez, et pour avoir la plus grande quantité d'énergie avant de commencer.

Boire ces shakes 30-60 minutes avant la formation vous donnera les meilleurs résultats et éloignera la sensation de faim ou de trop plein pour vous détendre complètement et vous concentrer sur la session que vous vous apprêtez à effectuer.

Si vous n'avez pas le temps de manger correctement, assurez-vous de boire au moins quelque chose qui va nourrir votre corps et pas seulement vous rassasier, car il vous faut vous concentrer sur la qualité et non la quantité quand il s'agit de ce que vous mangez et buvez.

Protéines

Les Protéines maigres sont très importantes pour développer et réparer les tissus musculaires. Les Protéines maigres aident également à normaliser les concentrations d'hormones dans le corps, ce qui vous permettra de contrôler votre humeur ainsi que votre tempérament. Certaines des meilleures protéines maigres que vous pouvez consommer sont :

- La Poitrine de dinde (tout naturel si possible).

- La viande rouge maigre (tout naturel aussi).

- Blancs d'œufs

- La plupart des produits laitiers.

- La Poitrine de poulet (Tout naturel).

- Le Quinoa

- Les Noix (toutes variétés)

Acides Gras Omega

Les acides gras oméga sont faciles à obtenir et très importants pour les fonctions de votre organisme, en particulier pour le cerveau. Les acides gras omégas se trouvent généralement dans:

- Le saumon (de préférence sauvage, non-élevage)

- Les Noix (Une collation facile à transporter)

- Les graines de lin (les mélanger avec tout type de shake)

- Les Sardines

Vous remarquerez une nette amélioration de vos fonctions cérébrales et une augmentation de la santé globale de votre cerveau. Votre système immunitaire devrait également devenir plus fort ce qui permettra de réduire vos chances d'avoir le cancer, le diabète et d'autres problèmes de santé graves qui sont liés au système immunitaire.

Les légumes et les légumineuses

On n'accorde pas assez d'importance aux légumes et aux légumineuses. Trouver un légume que vous aimez manger et l'inclure dans votre alimentation. Cela sera très bénéfique au fur et à mesure que les années passent. Lorsque vous entendez les gens parler de combien il est important d'avoir une alimentation équilibrée, ils font également référence aux légumes. Certains des meilleurs légumes et légumineuses à inclure dans vos repas quotidiens sont:

- Les tomates

- Les carottes

- Les betteraves

- Le chou frisé

- Les épinards

- Le chou

- Le persil

- Le brocoli

- Les choux de Bruxelles

- La laitue

- Les radis

- Les poivrons verts, rouges et jaunes

- Les concombres

- L'aubergine

-L'avocat

Choisissez une grande variété de couleurs pour vous assurer d'obtenir différentes vitamines et minéraux.

Les Fruits

Les fruits contiennent aussi une grande quantité de vitamines nécessaires à votre corps pour performer à sa capacité maximale. Les antioxydants aident votre corps à récupérer plus rapidement ce qui est extrêmement important pour les athlètes. Assurez-vous que vous mangez beaucoup de fruits qui sont riches en antioxydants après l'entraînement ou en compétition. Les fruits constituent une source importante de fibres alimentaires qui vous permettent de facilement digérer la nourriture. Certains des meilleurs fruits à inclure dans votre alimentation sont:

- Les pommes (vertes et rouges)

- Les oranges

- Les raisins (rouges et verts)

- Les bananes

- Le pamplemousse (Un peu aigre, mais plein d'antioxydants)

- Les citrons et limes (Dans la forme de jus mélangé avec de l'eau, je demande souvent de l'eau et quelques tranches de citron quand je sors diner, car ceux-ci sont également des antioxydants merveilleux).

- les cerises (naturelles, et non enrobées de sucre).

- Les mandarines

-La pastèque

-La cantaloupe

L'Eau

L'eau et l'hydratation sont très importantes dans le développement de votre corps et peuvent augmenter la quantité d'énergie que vous avez au cours de la journée. Les jus et les shakes aideront, mais ne sont pas des substituts à l'eau potable. La quantité d'eau que vous buvez dépendra de la quantité de cardio-training que vous faites, cela pourrait être plus que l'habituel suggéré. La plupart des gens devraient boire au moins 8 verres d'eau par jour, mais la plupart des athlètes devraient boire 10 - 14 verres d'eau.

Depuis que je transporte mon gallon d'eau avec moi, je suis capable d'atteindre mon objectif de "1 gallon d'eau par jour" ce qui a amélioré ma santé de manière significative.

Certains des avantages que j'ai remarqué, et que la plupart des gens remarqueront aussi, sont:

- Moins ou pas de maux de tête (Le cerveau est hydraté plus souvent)

- Amélioration de la digestion.

- Moins de fatigue durant la journée.

- Plus d'énergie dans la matinée.

- Réduction de la quantité de rides visibles.

- Moins de crampes ou de signes de raideur musculaire. (Ceci est un problème commun à de nombreux athlètes.)

- Meilleure concentration (cela va vous être d'un grand bénéfice lors de la méditation).

- Diminution du désir de sucreries et de collations entre les repas.

LE CALENDRIER DE MUSCULATION

Semaine 1

Jour 1:

Petit-déjeuner Lève-tôt

Snack: Yaourt de Myrtilles

Burger thon et salade

Snack: tomates cerise avec du fromage blanc

Bol de Protéines style Mexicain

Jour 2:

Crêpes aux Myrtilles et au citron

Snack: Avocat sur Toast

Brochettes Beefsteak Épicées

Snack: Pomme au beurre d'arachide

Poissons de la Méditerranée

Jour 3:

Bol de Puissance

Snack: Yaourt aux fruits tropicaux

Poitrines de poulet farcies avec du riz brun

Snack: Poivron avec du fromage blanc

Dîner Vegan Amical

Jour 4:

Smoothie au Lait d'Amandes

Snack: Tasse de Popcorn

Goberge gainé de Pancetta avec pommes de terre

Snack: yaourt avec baies de Goji séchées

Houmous Aillé

Jour 5

Yaourt grec avec graines de lin et Pomme

Snack: Gâteau de riz avec beurre d'arachide

Saumon cuit au four avec des asperges grillées

Snack : Bâtonnets de céleri au fromage de chèvre et olives vertes

Poulet et salade d'avocat

Jour 6:

Petit-déjeuner 'Pizza'

Snack: yaourt grec aux fraises

Enveloppes de poulet César

Snack: pois chiches grillés

Cabillaud chaud

Jour 7:

Anneaux de Poivron avec «Frit 'Grits »

Snack: mélange de noix

Nouilles de bœuf et brocoli

Snack: Jambon et céleri

Salade roquette et poulet

Semaine 2

Jour 1:

Muffins de protéines de lactosérum

Snack: Avocat sur Toast

Salade de pâtes linguine avec Crevettes et Courgettes

Snack: Pomme et beurre d'arachide

Burger de Tofu

Jour 2:

Petit-déjeuner Mocha Mexicain

Snack: yaourt avec baies de Goji séchées

Truite avec salade de pommes de terre

Snack: Tasse de Popcorn

Poulet à l'ananas et aux poivrons

Jour 3:

Toast de Saumon fumé et avocat

Snack: tomates cerise avec fromage blanc

Poulet épicé

Snack: Yaourt de myrtilles

Burger de Champignons grillés et courgettes

Jour 4:

Smoothie de fruits et beurre de cacahuètes

Snack: pois chiches grillés

Chili de Haricots mexicain

Snack: yaourt grec aux fraises

Poulet aigre-doux

Jour 5:

Scramble riche en protéines

Snack: poivron avec fromage cottage

Pain de viande Turc avec Couscous de blé entier

Snack: Yaourt aux fruits tropicaux

Flétan a la Moutarde de Dijon

Jour 6:

Crêpes protéinées de Tarte au potiron

Snack: Jambon et céleri

Riz Méditerranéen

Snack: mélange de noix

Fondue de Thon

Jour 7:

Poivrons farcis de Thon

Snack : Bâtonnets de céleri au fromage de chèvre et olives vertes

Pâtes aux épinards avec boulettes de bœuf

Snack: Gâteau de riz avec beurre d'arachide

Bol de Sushi

Semaine 3

Jour 1:

Gruau Haute-protéine

Snack: Bol de Popcorn

Œufs farcis avec du pain pita

Snack: Pomme et beurre d'arachide

Poulet cuit au plateau

Jour 2:

Petit-déjeuner Lève-tôt

Snack: Avocat sur Toast

Nouilles de bœuf et brocoli

Snack: yaourt avec baies de Goji séchées

Houmous Aillé

Jour 3:

Bol de Puissance

Snack: yaourt grec aux fraises

Enveloppes de Poulet César

Snack: tomates cerise au fromage de chèvre

Poissons de la Méditerranée

Jour 4:

Crêpes aux bleuets et citron

Snack: pois chiches grillés

Saumon cuit au four avec asperges grillées

Snack: Yaourt de Myrtilles

Salade de roquette au poulet

Jour 5:

Yaourt grec avec graines de lin et pomme

Snack: jambon et céleri

Burger de thon et salade

Snack: Yaourt aux fruits tropicaux

Poulet et salade d'avocat

Jour 6:

Anneaux de Poivron avec «Frit 'Grits »

Snack: Poivrons avec du fromage blanc

Poitrines de poulet farcies avec riz brun

Snack: mélange de noix

Cabillaud Chaud

Jour 7:

Smoothie au Lait d'Amandes

Snack: Gâteau de riz avec beurre d'arachide

Brochettes de Beefsteak épicées

Snack : Bâtonnets de céleri au fromage de chèvre et olives vertes

Bol de Protéines Style Mexicain

Semaine 4

Jour 1:

Petit déjeuner 'Pizza'

Snack: yaourt grec aux fraises

Pollock gainé de Pancetta avec pommes de terre

Snack: Coupe de Popcorn

Dîner Vegan Amical

Jour 2:

Petit déjeuner Moka Mexicain

Snack: tomates cerise avec fromage blanc

Riz Méditerranéen

Snack: Pomme et beurre d'arachide

Burger de Champignons grillés et courgettes

Jour 3:

Smoothie de Fruits et Beurre d'arachides

Snack: Avocat sur Toast

Salade de pâtes linguine avec Crevettes et courgettes

Snack: Yaourt aux myrtilles

Poulet aigre-doux

Jour 4:

Tarte au potiron crêpes de protéines

Snack: yaourt avec baies de Goji séchées

Poulet épicé

Snack: pois chiches grillés

Flétan a la Moutarde de Dijon

Jour 5:

Toast de Saumon fumé et avocat

Snack: Jambon et céleri

Boulettes de Bœuf avec Pâtes aux épinards

Snack: mélange de noix

Burger de Tofu

Jour 6:

Gruau Hautes-protéines

Snack: Poivrons avec fromage blanc

Chili de Haricots Mexicain

Snack: Yaourt aux fruits tropicaux

Bol de Sushi

Jour 7:

Scramble riche en protéines

Snack: Gâteau de riz avec beurre d'arachide

Salade de Truite et Pommes de terre

Snack: yaourt grec aux fraises

Poulet cuit au Plateau

2 jours supplémentaires pour faire un mois complet:

Jour 1:

Muffins à la protéine de lactosérum

Snack : Bâtonnets de céleri au fromage de chèvre et olives vertes

Pain de viande de Dinde avec Couscous de blé entier

Snack: Pomme et beurre d'arachide

Fondue de Thon

Jour 2:

Poivrons farcis de Thon

Snack: Yaourt aux Myrtilles

Œufs farcis avec du pain pita

Snack: mélange de noix

Poulet à l'ananas et poivrons

RECETTES DE REPAS HAUTE PERFORMANCE POUR AUGMENTER LES MUSCLES

PETIT-DEJEUNER

1. Petit-Dejeuner lève-tot

Sortez votre corps d'un état catabolique en prenant un petit déjeuner riche en glucides cuit au four pour un renforcement musculaire grâce à sa haute teneur en protéines. Avec le pamplemousse et les asperges, vous vous assurez plus de la moitié de la valeur de Vitamine C pour une journée entière.

Ingrédients (1 portion):
6 blancs d'œufs
½ tasse de mélange de quinoa cuit et de riz brun
3 pointes d'asperges, tranchées
½ pamplemousse rose
1 petit poivron rouge, tranché
1 cuillère de protéines de lactosérum sans saveur
1 gousse d'ail écrasée
1 pulvérisation d'huile d'olive
Poivre, sel

Temps de préparation: 10 min
Temps de cuisson: 15-20 min

Préparation:

Préchauffer le four à 200C / gaz 6. Vaporiser légèrement une poêle en fonte avec de l'huile d'olive.

Dans un bol moyen, battre les blancs d'œufs avec une pincée de sel et le poivre jusqu'à consistance mousseuse.

Ajouter le riz brun cuit et le quinoa dans la poêle; versez les blancs d'œufs puis les morceaux d'asperges et les tranches de poivron.

Cuire au four pendant 15-20 minutes ou jusqu'à ce que les œufs soient cuits.

Valeur nutritive par portion: 407kcal, protéine 52g, glucides 40g (fibre 5g, sucre 8g), lipides 2g, 15% de calcium, 12% de fer, 19% de magnésium, 26% de vitamine A, 63% de vitamine C, 48% de vitamine K, 12% de vitamine B1, 69% vitamine B2, 26% de vitamine B9.

2. Bol de Puissance

Un petit-déjeuner avec un nom approprié, le bol de puissance combine les blancs d'œufs riches en protéines avec le ravitaillement énergétique des flocons d'avoine. Les noix ajoutent des lipides sains et le miel comme finissage donne un peu de douceur.

Ingrédients (1 portion):
6 blancs d'œufs
½ tasse de gruau instantané, cuit
 1/8 tasse de noix
¼ tasse de petits fruits
1 cuillère à café de miel brut
Cannelle

Temps de préparation: 10 min
Temps de cuisson: 5 min

Préparation:
Fouetter les blancs d'œufs jusqu'à consistance mousseuse, puis faites-les cuire dans une poêle à feu doux.
Mélanger la farine d'avoine et les blancs d'œufs dans un bol; Ajouter la cannelle et le miel brut et mélanger.
Garnir avec les baies, les bananes et les noix.

Valeur nutritive par portion: 344kcal, protéine 30g, glucides 33g (fibre 3g, sucre 23g), lipides 11g (2 saturé), 10% de fer, 15% de magnésium, 10% de vitamine B1, 11% de vitamine B2, 15% de vitamine B5.

3. Poivrons farcis de thon

Ceci est une recette rapide et nutritive qui fournit une quantité massive de B12. Riche en protéines, le thon est une option de petit déjeuner excellent pour le renforcement musculaire et si vous souhaitez ajouter des glucides à votre repas, un morceau de pain de blé entier est un excellent choix.

Ingrédients (2 portions):
2 boîtes de thon dans l'eau (185 g), la moitié drainé
3 œufs durs
1 oignon, haché finement
5 petits cornichons, coupés en dés
Sel, poivre
4 poivrons, coupés en deux et épépinés

Temps de préparation: 5 min
Temps de cuisson: 10 min

Préparation:
Mélanger les œufs, thon, oignon, cornichons et l'assaisonnement dans un robot culinaire et mélanger jusqu'à consistance lisse.
Remplissez les moitiés de poivrons avec la composition et servir.

Valeur nutritive par portion: 480kcal, protéine 46g, lipides 16g (4g saturé), glucides 8g (fibre 2g, sucre 4G), 28% de magnésium, 94% de vitamine A, 400% de vitamine C, 12% de vitamine E, 67% de vitamine K , 18% de vitamine B1, 32% de vitamine B2, 90% de vitamine B3, 20% de vitamine B5, 56% de vitamine B6, 18% de vitamine B9, 284% de vitamine B12.

4. Yaourt Grec avec Graines de Lin et Pomme

Sortez du petit déjeuner traditionnel de renforcement musculaire fait de blanc d'œuf et essayez le yaourt grec hautement protéiné et parfumé à la pomme. Utilisez des graines de lin entières afin de maximiser votre apport en fibres et gardez-les dans de l'eau toute la nuit pour les rendre tendres et faciles à digérer.

Ingrédients (1 portion):
1 tasse de yaourt grec
1 pomme, émincée
2 cuillères à soupe de graines de lin
¼ de cuillère à café de cannelle
1 cuillère à café de Stevia
Une pincée de sel

Temps de préparation: 5 min
Temps de cuisson: 45 min

Préparation:
Préchauffer le four à 190C / gaz 5. Placer les tranches de pommes dans une poêle antiadhésive, les saupoudrer de cannelle, de Stevia et une pincée de sel, les couvrir et les cuire au four pendant 45 min / jusqu'à tendreté. Retirez-les du four et laisser refroidir pendant 30 min.
Placez le yaourt grec dans un bol, puis recouvrir des pommes et des graines de lin et servir.

Valeur nutritive par portion: 422kcal, protéine 22g, glucides 39g (fibre 7g, sucre 22 g), lipides 21g (8 g saturé), 14% de calcium, 22% de magnésium, 14% de vitamine C, 24% de vitamine B1, 13% de vitamine B12.

5. Anneaux de Poivrons avec «Fit Grits»

Un repas savoureux et particulièrement recherché, les anneaux de poivron avec le 'Fit Grits' carbure vos muscles et vous donne assez d'énergie pour toute la journée. Plein de couleurs et de nutriments, ce petit-déjeuner est riche en vitamine B1.

Ingrédients (1 portion):
6 blancs d'œufs
2 œufs
¼ tasse de farine de riz brun
1 tasse d'épinards crus
½ poivron vert
1 tasse de tomates cerise
Spray d'huile d'olive
Sel et Poivre

Temps de préparation: 10 min
Temps de cuisson: 15 min

Préparation:
Fouetter les blancs d'œufs avec une pincée de sel et le poivre jusqu'à consistance mousseuse. Chauffer l'huile dans une poêle antiadhésive et faire cuire les blancs d'œufs et la farine. Ajouter les épinards, mélangez et laissez cuire jusqu'à ce que les épinards soient bien ramollis.

Vaporiser légèrement une poêle avec de l'huile d'olive et mettre à feu moyen. Couper les poivrons horizontalement pour créer 2 anneaux, placez-les dans la poêle et faire craquer les œufs à l'intérieur des poivrons. Laissez-les cuire jusqu'à ce que les œufs deviennent blancs.

Placer le mélange d'œuf-farine et rondelles de poivrons cuits sur une assiette et servir avec des tomates cerise.

Valeur nutritive par portion: 495kcal, protéine 45g, glucides 45g (fibre 3g, sucre 7g), lipides 11g (3G saturé), 9% de calcium, 14% de fer, 20% de magnésium, 35% de vitamine A, 32% de vitamine C, 91 % de vitamine B2, 22% de vitamine B5 , 12% de vitamine B6, 15% de vitamine B12.

6. Smoothie au Lait d'Amandes

Il vous faut juste 10 minutes pour faire ce smoothie au lait d'amandes de teneur élevée en vitamine D et B1. Vous pouvez en faire une grande quantité et le garder au congélateur, faisant de ce smoothie une option parfaite pour un petit déjeuner rapide sur le pouce.

Ingrédients (2 portion):
1 tasse de lait d'amande
1 tasse de petits fruits surgelés mixtes
1 tasse d'épinards
1 cuillère banane protéines en poudre aromatisée
1 cuillère à soupe de graines de chia

Temps de préparation: 10 min
Pas de cuisson

Préparation:
Mélanger tous les ingrédients dans un mélangeur jusqu'à consistance lisse, versez dans deux verres et servir.

Valeur nutritive par portion: 295kcal, protéine 26g, glucides 32g (fibre 4g, sucre 13g), lipides 9g, 40% de calcium, 20% de fer, 12% de magnésium, 50% de vitamine A, 40% de vitamine C, 25% de vitamine D, 57% de vitamine E, 213% de vitamine B1, 18% de vitamine B9.

7. Crêpes protéinées de Tarte au potiron

Oubliez la farine et essayez les crêpes d'avoine avec une délicieuse addition de citrouille fraîche. Arrosez d'un peu de sirop sans calorie et profitez d'un petit-déjeuner riche en protéines qui a un goût aussi bon qu'un repas de triche.

Ingrédients (1 portion):
1/3 tasse d'avoine à l'ancienne
¼ tasse de citrouille
½ tasse de blancs d'œufs
1 cuillère de cannelle en poudre de protéines
½ cuillère à café de cannelle
Spray d'huile d'olive

Temps de préparation: 5 min
Temps de cuisson: 5 min

Préparation:
Mélangez tous les ingrédients dans un bol. Vaporisez une poêle de taille moyenne avec de l'huile d'olive puis placez sur feu moyen.
Versez-y la pâte, et une fois que vous voyez des bulles minuscules apparaitre sur le dessus de la galette, tournez la galette. Lorsque chaque côté est doré, retirez la crêpe et servir.

Valeur nutritive par portion: 335kcal, protéine 39g, glucides 37g (fibre 6g, sucre 1g), lipides 6g, 14% de calcium, 15% de fer, 26% de magnésium, 60% de vitamine A, 26% de vitamine B1, 37% de vitamine B2 , 10% de vitamine B5, 31% de vitamine B6.

8. Gruau Haute-protéine

Renforcez-vous de cette portion copieuse de glucides qui vous tiendra rassasié pendant des heures, tandis que la poudre d'amandes et de protéines va donner un départ riche en protéines à votre journée. Si vous préférez vos flocons d'avoine avec un goût fruité, utilisez la poudre de protéine parfumée à la banane.

Ingrédients (1 portion):
2 sachets de gruau instantané (paquet de 28g)
¼ d'amandes en poudre tasse
1 boule de protéines de lactosérum en poudre à la vanille
1 cuillère à soupe de cannelle

Temps de préparation: 5 min
Temps de cuisson: 5 min

Préparation:
Verser le gruau instantané dans un bol, mélanger avec la poudre de protéine et la cannelle. Ajouter de l'eau chaude et mélanger. Garnir avec les amandes concassées et servir.

Valeur nutritive par portion: 436kcal, protéine 33g, glucides 45g (fibre 10g, sucre 4g), lipides 15g (1g saturé), 17% de calcium, 19% de fer, 37% de magnésium, 44% de vitamine E, 21% de vitamine B1, 21 % de vitamine B2.

9. Scramble riche en protéines

Nourrissez vos muscles et allez vers un entraînement avancé avec ce repas de 51g de protéines. Ces blancs d'œufs brouillés avec des légumes et saucisses de dinde ont la valeur ajoutée d'être emballés de glucides et de montants globaux élevés de vitamines.

Ingrédients (1 portion):

8 blancs d'œufs

2 liens de saucisses de dinde, hachées

1 gros oignon, coupé en dés

1 tasse de poivrons rouges, en dés

2 tomates, coupées en dés

2 tasses épinards crus, hachés

1 cuillère à café d'huile d'olive

Sel et poivre

Temps de préparation: 10 min

Temps de cuisson: 10-15 min

Préparation:

Battre les blancs d'œufs avec une pincée de sel et le poivre jusqu'à consistance mousseuse, puis mettre de côté.

Chauffer l'huile dans une grande poêle antiadhésive, arroser les oignons et les poivrons et faire sauter jusqu'à ce qu'ils soient tendres. Assaisonner avec du sel et du poivre. Ajouter les saucisses de dinde et cuire jusqu'à ce qu'elles soient dorées, puis baisser le feu et ajouter les blancs d'œufs et bien mélanger.

Quand les œufs sont presque cuits, ajouter la tomate et les épinards, faites cuire pendant 2 min et servir.

Valeur nutritive par portion: 475kcal, protéine 51g, glucides 37g (fibre 10g, sucre 18g), lipides 10g (2g saturé), 14% de calcium, 23% de fer, 37% de magnésium, 255% de vitamine A, 516% de vitamine C, 25 % de vitamine E, 397% de vitamine K, 22% de vitamine B1, 112% de vitamine B2, 29% de vitamine B3, 19% de vitamine B5, 51% de vitamine B6, 65% de vitamine B9.

10. Smoothie de Fruits et Beurre d'arachides

Quelle meilleure façon d'obtenir votre apport quotidien de calcium que ce smoothie a la saveur de fraise ? Riche en minéraux, vitamines, protéines et en Carbohydrates pour vous remplir d'énergie, ce smoothie est un moyen idéal pour démarrer votre journée.

Ingrédients (1 portion):
15 fraises moyennes
1- 1/3 cuillère à soupe de beurre d'arachide
85g tofu
½ tasse de yaourt faible en gras libre
¾ tasse de lait écrémé
1 cuillère de poudre de protéines
8 glaçons

Temps de préparation: 5 min
Pas de cuisson

Préparation:
Verser le lait dans le mélangeur puis le yaourt et le reste des ingrédients. Mélanger jusqu'à ce que le mélange soit complètement mélangé et mousseux. Verser dans un verre et servir.

Valeur nutritive par portion: 472kcal, protéine 45g, glucides 40g (fibre 6g, sucre 31g), lipides 13g (4g saturé),

110% de calcium, 35% de fer, 27% de magnésium, 30% de vitamine A, 190% de vitamine C, 11 % de vitamine E, 13% de vitamine B1, 24% de vitamine B2, 10% de vitamine B5, 18% de vitamine B6, 17% de vitamine B9, 12%de vitamine B12.

11. Muffins à la protéine de lactosérum

Avec une bonne dose d'avoine et une portion de protéines de lactosérum au chocolat en poudre, ces muffins sont une excellente alternative de petit déjeuner à l'avoine ordinaire. Jumelé avec un verre de lait, ce repas fait en sorte que vous obtenez une bonne quantité de calcium et de vitamine D pour aller avec une bonne portion de protéines et glucides.

Ingrédients (4 muffins-2 portions):
1 tasse de flocons d'avoine
1 gros œuf entier
5 grands blancs d'œufs
½ cuillère protéines de lactosérum au chocolat en poudre
Spray d'huile d'olive
2 tasses de lait faible en gras, pour servir

Préparation: 2 min
Temps de cuisson: 15 min

Préparation:
Préchauffer le four à 190C / gaz 5.
Mélanger tous les ingrédients ensemble pendant 30s.
Vaporiser le moule à muffins avec de l'huile d'olive, puis plier la pâte a muffins en quatre. Mettre au four pendant 15 min.

Retirer du four, laisser refroidir et servir avec le verre de lait.

Valeur nutritive par portion (comprend le lait): 330kcal, protéine 28g, glucides 37g (fibre 9g, sucre 13g), lipides 6g (5g saturé), 37% de calcium, 22% de fer, 19% de magnésium, 12% de vitamine A, 34% vitamine D, 44% vitamine B1, 66% de vitamine B2, 25% de vitamine B5, 11% de vitamine B6, 24% de vitamine B12.

12. Toast de Saumon fumé et avocat

Êtes-vous en pour une séance d'entraînement dure et faible sur le temps? Il ne prend que 5 minutes pour reconstituer ce savoureux petit-déjeuner. Tant le saumon et d'avocat sont riches en acides sains et ce repas a suffisamment de protéines et de glucides pour vous garder motivé.

Ingrédients (2 portions):
300g de saumon fumé
2 avocats moyens mûrs, épluchés et décortiqués
Jus de ½ citron
Une poignée de feuilles d'estragon hachées
2 tranches de pain de blé entier, grillées

Temps de préparation: 5 min
Pas le temps de cuisson

Préparation:
Couper les avocats en morceaux et mélanger avec le jus de citron. Tordre et plier les morceaux de saumon fumé, placez-les sur des assiettes de service, puis disperser dessus l'avocat et l'estragon. Servir avec du pain grillé de blé entier.

Valeur nutritive par portion: 550kcal, protéine 34g, glucides 37g (fibre 12g, sucre 4g), lipides 30g (5g saturé),

17% de fer, 24% de magnésium, 25% de vitamine C, 27% de vitamine E, 42% de vitamine K, 16% de vitamine B1, 24% de vitamine B2, 55% de vitamine B3, 35% de vitamine B5, 40% de vitamine B6, 35% de vitamine B9, 81% de vitamine B12.

13. Petit déjeuner 'Pizza'

Oubliez la haute teneur en calories, les tranches non-nutritives de la pizza et remplacez-les par ce délicieux substitut. Sain et satisfaisant, ce petit-déjeuner ne prend que 20 minutes à faire et il est non seulement riche en protéines, mais aussi en minéraux et en vitamines.

Ingrédients (1 portion):

1 petit pain pita de blé entier

3 blancs d'œufs

1 œuf

¼ tasse fromage mozzarella faible en gras

1 oignon vert, tranché

¼ tasse de champignons, en dés

¼ tasse de poivrons cloche, en dés

2 tranches de bacon de dinde, hachées

1 cuillère à café d'huile d'olive

Sel et poivre

Temps de préparation: 10 min

Temps de cuisson: 10 min

Préparation:

Fouetter les œufs avec une pincée de sel et de poivre et ajouter les dés de légumes.

Plier les bords du pain pita pour créer un bol. Badigeonner les deux côtés avec l'huile d'olive et placer le pain pita sur la grille, côté dôme vers le bas. Cuire jusqu'à ce qu'il soit bien doré, puis retournez-le de l'autre côté.

Verser le mélange d'œufs dans la pita et cuire jusqu'à ce que les œufs soient presque faits, ajouter le bacon de dinde, l'oignon vert et le fromage. Cuire jusqu'à ce que le fromage ait fondu et servir.

Valeur nutritive par portion: 350kcal, protéine 33g, glucides 12g (fibre 3g, sucre 4g), lipides 15g (6g saturés), 32% de calcium, 19% de fer, 15% de magnésium, 36% de vitamine A, 88% de vitamine C, 72 % de vitamine K, 21% de vitamine B1, 71% de vitamine B2, 22% de vitamine B3, 14% de vitamine B5, 21% de vitamine B6, 25% de vitamine B9,29% de vitamine B12.

14. Petit déjeuner Moka Mexicain

Garnissez votre tasse préférée d'avoine avec une bonne dose de lait d'amande et profitez d'un petit déjeuner fait rapidement et riche en fibres. Le poivre de Cayenne est parfait pour ajouter un peu de punch à votre gruau.

Ingrédients (1 portion):
½ tasse de flocons d'avoine
1 cuillère protéine de chocolat en poudre
½ cuillère à soupe de cannelle
½ cuillère à café de poivre de Cayenne
1 tasse de lait d'amandes non sucré
1 cuillère à soupe de cacao en poudre non sucré

Temps de préparation: 5 min
Temps de cuisson: 3 min

Préparation:
Mélanger tous les ingrédients dans un bol allant au four à micro-ondes. Chauffer dans le four à micro-ondes pendant 2 ½ -3 min puis servir.

Valeur nutritive par portion: 304kcal, protéine 27g, glucides 38g (fibre 8g, sucre 3g), lipides 7g, 32% de calcium, 15% de fer, 25% de magnésium, 10% de vitamine A, 25% de vitamine D, 51% de vitamine E, 12% de vitamine B1.

15. Crêpes aux Myrtilles et au citron

Un petit-déjeuner chaud qui vous rassasie, ces crêpes aux myrtilles enrichies par la saveur du citron sont une façon simple et savoureuse de faire un repas de grande puissance dont vous avez besoin pour commencer votre journée. Étaler une cuillère à soupe de yaourt grec sur le dessus de votre crêpe si vous le souhaitez.

Ingrédients (1 portion):
1/3 tasse d'avoine
5 blancs d'œufs
½ tasse de myrtilles
1 cuillère de lactosérum de protéines en poudre sans saveur
½ cuillère à café de bicarbonate de soude
1 cuillère à café de zeste de citron râpé
1 cuillère à soupe de mélange de boisson au citron
Spray d'huile d'olive

Temps de préparation: 5 min
Temps de cuisson: 5 min

Préparation:
Mélanger tous les ingrédients dans un grand bol, mélanger et fouetter jusqu'à consistance lisse.
Cuire le tout dans une poêle pulvérisée d'huile sur température moyenne-élevée jusqu'à ce que des bulles se

forment à la surface. Retournez et faites cuire jusqu'à ce que chaque face soit d'un beau doré foncé. Retirer la crêpe et servir.

Valeur nutritive par portion: 340kcal, protéine 47g, glucides 37g (fibre 6g, sucre 14g), lipides 5g, 10% de fer, 25% de magnésium, 12% de vitamine C, 19% de vitamine K, 26% de vitamine B1, 58% de vitamine B2.

DÉJEUNER

16. Riz Méditerranéen

Transformez la boîte ennuyeuse de thon en un plat délicieux qui est un démarreur parfait pour un après-midi d'exercice. Le montant élevé de glucides va alimenter une séance d'entraînement complète et la protéine fera en sorte que vos muscles vont vite récupérer de l'effort.

Ingrédients (1 portion):
1 boîte de thon à l'huile, égouttée
100g de riz brun
¼ avocat, haché
¼ oignon rouge, tranché
Jus d'½ citron
Sel et poivre

Temps de préparation: 5 min
Temps de cuisson: 20 min

Préparation:
Faire bouillir le riz brun pendant environ 20 min, puis placer dans un bol avec l'oignon, le thon et l'avocat. Ajouter le jus de citron et mélanger tous les ingrédients. Assaisonner avec le sel et le poivre selon votre goût et servir.

Valeur nutritive par portion: 590kcal, protéine 32g, glucides 80g (fibre 7g, sucre 1g), graisse de 14g (5g saturé), 22% de fer, 52% de magnésium, 101% de vitamine D, 18% de vitamine E, de 107% de la vitamine K, 32% de vitamine B1, vitamine B3 134%, 26% de vitamine B5, la vitamine B6 39%, 15% de la vitamine B9, la vitamine B12 63%.

17. Poulet épicé

Le poulet est parfait pour un repas de renforcement musculaire à haute teneur en protéines. Riche en nutriments, ce délicieux repas simple peut être couplé avec une portion de votre choix de glucides.

Ingrédients (2 portions):

3 poitrines de poulet désossées coupées en deux
175g yaourt faible en gras
1 morceau de concombre de 5cm, haché finement
2 cuillères à soupe pâte de curry rouge thaïlandaise
2 cuillères à soupe de coriandre, haché
2 tasses d'épinards crus, pour servir.

Temps de préparation: 5 min
Temps de cuisson: 35-40 min

Préparation:

Préchauffer le four à 190C / gaz 5. Mettre le poulet dans un plat en une seule couche. Mélanger un tiers du yaourt, de la pâte de curry et les deux tiers de la coriandre, saler et verser sur le poulet, faire en sorte que la viande soit bien enrobée. Laisser reposer pendant 30 min (ou dans le réfrigérateur pendant toute la nuit).
Soulevez le poulet sur une grille dans un plat à rôtir pour 35-40 min, jusqu'à ce qu'il soit bien doré.
Chauffer l'eau dans une casserole et flétrir les épinards.

Mélanger le reste du yaourt et de la coriandre, ajoutez le concombre et remuer. Verser le mélange sur le poulet et servir avec les épinards cuits.

Valeur nutritive par portion: 275kcal, protéine 43g, glucides 8g (fibre 1g, sucre 8g), lipides 3g (1g saturé), 20% de calcium, 15% de fer, 25% de magnésium, 56% de vitamine A, 18% de vitamine C, 181 % de vitamine K, 16% de vitamine B1, 26% de vitamine B2, 133% de vitamine B3, 25% de vitamine B5, 67% de vitamine B6, 19% de vitamine B9, 22% de vitamine B12.

18. Œufs farcis avec du pain pita

Faites le plein d'acides gras Oméga-3 avec ce plat de saumon riche en vitamines et minéraux. Ce repas de remplissage est un excellent moyen de stimuler votre énergie et votre capacité tout au long de la journée.

Ingrédients (2 portions):
1 saumon en conserve dans l'eau (450g)
2 œufs
1 gros oignon, haché finement
2 grandes feuilles de laitue
10 tomates cerise
1 cuillère à soupe de yaourt grec
Un grand pain pita de blé entier, coupé en deux
Sel de mer et poivre

Temps de préparation: 10 min
Temps de cuisson: 10 min

Préparation:
Faire bouillir les œufs, les peler et les couper en deux puis retirez les jaunes et les placer dans un bol.
Ajouter le saumon en conserve, 1 cuillère à soupe de yaourt, l'oignon de printemps et les assaisonnements au bol. Mélanger tous les ingrédients ensemble et farcir les blancs d'œufs. Servir avec du pain pita farci avec la laitue et les tomates.

Valeur nutritive par portion: 455kcal, protéine 45g, glucides 24g (fibre 3g, sucre 2g), graisse 36g (10g saturé), 59% de calcium, 22% de fer, 21% de magnésium, 30% de vitamine A, 24% de vitamine C, 43 % de vitamine K, 11% de vitamine B1, 36% de vitamine B2,60% de vitamine B3, 20% de vitamine B5, 41% de vitamine B6, 20% de vitamine B9, 20% de vitamine B12.

19. Enveloppes de poulet César

Ces enveloppes de poulet font un excellent repas à emporter qui vous aidera à garder vos taux de protéines élevés tout au long de la journée. Ajoutez à cela quelques pousses d'épinards et vous aurez un repas convivial plus vert.

Ingrédients (1 portion):

85g de poitrine de poulet, cuit

2 tortillas de blé entier

1 tasse de laitue

50g de yaourt non gras

1 cuillère à café de pâte d'anchois

1 cuillère à café de moutarde en poudre sèche

1 gousse d'ail, cuit

½ concombre moyen, haché

Temps de préparation: 5 min

Pas de cuisson

Préparation:

Mélanger la pâte d'anchois, l'ail et le yaourt puis en recouvrir la laitue et les concombres. Divisez le mélange en 2, ajouter les tortillas, puis placez la moitié du poulet dans chaque tortilla. Envelopper et servir.

Valeur nutritive par portion (2 tortillas): 460kcal, protéine 41g, glucides 57g (fibre 7g, sucre 9g), lipides 10g (2g saturé), 11% de calcium, 22% de vitamine K, 13% de vitamine B2, 59% de vitamine B3, 12% de vitamine B5, 29% de vitamine B6, 10% de vitamine B12.

20. Saumon cuit au four avec asperges grillées

Un plat classique, rendu plus intéressant par une marinade de jus de citron et de moutarde, ce saumon grillé va bien avec les asperges à l'ail. Offrez-vous une grande combinaison de protéines et de vitamines.

Ingrédients (1 portion):
140g saumon sauvage
1 ½ tasse d'asperges
Marinade:
1 cuillère à soupe d'ail, haché
1 cuillère à soupe de moutarde de Dijon
Jus de ½ citron
1 cuillère à café d'huile d'olive

Temps de préparation: 5 min
Temps de cuisson: 15 min

Préparation:
Préchauffer le four à 200C / gaz 6.
Dans un bol, mélanger le jus de citron, la moitié de l'ail, l'huile d'olive et la moutarde, verser la marinade sur le saumon et assurez-vous qu'il en soit complètement recouvert. Mariner le saumon au réfrigérateur pendant au moins une heure.

Coupez le bas des tiges des pointes d'asperges. Mettre une poêle antiadhésive à feu moyen / élevé, mélanger les asperges avec le reste de l'ail et faire saisir pendant environ 5 min, en roulant les asperges sur tous les côtés.

Déposer le saumon sur une plaque de cuisson et cuire au four pendant 10 min, servir ensuite avec le asperges grillées.

Valeur nutritive: 350kcal, protéine 43g, glucides 7g (fibre 5g, 1 g de sucre), lipides 16g (1 saturé), 17% de fer, 20% de magnésium, 48% de vitamine A, 119% de vitamine C, 17% de vitamine E, 288 % de vitamine K, 39% de vitamine B1, 60% de vitamine B2, 90% de vitamine B3, 33% de vitamine B5, 74% de vitamine B6, 109% de vitamine B9, 75% de vitamine B12.

21. Boulettes de Bœuf avec pâtes aux épinards

Un repas de pâtes de haute protéine qui donne tout l'avantage de l'appariement de la viande de bœuf et des épinards. Non seulement ce plat est emballé de vitamines tous azimuts, mais il contient également une quantité copieuse de magnésium qui aide à réguler la contraction musculaire.

Ingrédients (2 portions):
Pour les boulettes:
170g de bœuf haché maigre
½ tasse d'épinards crus, râpés
1 cuillère à soupe d'ail haché
¼ tasse d'oignon rouge, coupé en dés
1 cuillère à café de cumin
Sel de mer et poivre
Pour la Pasta:
100g pates de blé aux épinards
10 tomates cerise
2 tasses d'épinards crus
¼ tasse marinara
2 cuillères à soupe fromage parmesan faible en gras

Temps de préparation: 15 min
Temps de cuisson: 30 min

Préparation:

Préchauffer le four à 200C / gaz 6.

Mélanger ensemble le bœuf haché, les épinards crus, l'ail, l'oignon rouge et le sel et le poivre au goût. Mixer soigneusement avec vos mains jusqu'à ce que les épinards soient complètement mélangés à la viande.

Former deux ou trois boulettes de viande, à peu près de la même taille, puis placez-les sur une plaque de cuisson dans le four pendant 10-12 minutes.

Faire cuire les pâtes selon les instructions sur l'emballage. Égoutter les pâtes et mélanger les tomates, épinards et fromage. Ajouter les boulettes de viande et servir.

Valeur nutritive par portion: 470kcal, protéine 33g, glucides 50g (fibre 6g, sucre 5g), lipides 12g (5g saturé), 17% de calcium, 28% de fer, 74% de magnésium, 104% de vitamine A, 38% de vitamine C, 11 % de vitamine E, 361% de vitamine K, 16% de vitamine B1, 20% de vitamine B2, 45% de vitamine B3, 11% de vitamine B5, 45% de vitamine B6, 35% de vitamine B9, 37% de vitamine B12.

22. Poitrine de Poulet farcie avec du riz brun

Le riz brun est un excellent moyen d'introduire des glucides de qualité à votre régime alimentaire. Couplez-le avec une poitrine de poulet de haute teneur en protéines et des légumes et vous avez un délicieux déjeuner de puissance.

Ingrédients (1 portion):
170g de poitrine de poulet
½ tasse d'épinards crus
50g de riz brun
1 oignon, coupé en dés
1 tomate, en tranches
1 cuillère à soupe de fromage feta

Temps de préparation: 10 min
Temps de cuisson: 30 min

Préparation:
Préchauffer le four à 190C / gaz 5.
Trancher les poitrines de poulet du milieu vers le bas, pour les faire ressembler à un papillon. Assaisonner le poulet de sel et de poivre, puis ouvrez-le et mettez la couche d'épinards, le fromage feta et les tranches de tomate sur un côté. Pliez la poitrine de poulet et utiliser un cure-dent pour maintenir fermé puis cuire au four pendant 20 min.

Faire bouillir le riz brun puis ajouter l'ail et l'oignon haché. Remplissez une assiette avec du riz brun, placer le poulet sur le dessus et servir.

Valeur nutritive par portion: 469kcal, protéine 48g, glucides 46g (fibre 5g, sucre 6g), lipides 8g (5g saturé), 22% de calcium, 18% de fer, 38% de magnésium, 55% de vitamine A, 43% de vitamine C, 169 % de vitamine K, 28% de vitamine B1, 28% de vitamine B2, 103% de vitamine B3, 28% de vitamine B5, 70% de vitamine B6, 23% de vitamine B9, 17% de vitamine B12.

23. Salade de pâtes linguine avec Crevettes et Courgettes

Un repas triche de pâtes avec une portion de courgettes râpées et des crevettes à la vapeur, parfumé de sésame en plusieurs formes. Cette combinaison d'ingrédients produit un déjeuner léger avec un contenu riche en protéines.

Ingrédients (1 portion):

170g de crevettes à la vapeur

1 grosse courgette, hachée

¼ tasse d'oignon rouge, tranché

1 tasse de poivrons, tranchés

1 cuillère à soupe de beurre tahini rôti

1 cuillère à café d'huile de sésame

1 cuillère à café de graines de sésame

Temps de préparation: 10 min

Pas de cuisson

Préparation:

Coupez les courgettes en utilisant un broyeur afin de faire de la linguine brute.

Dans un bol, mélanger le tahini et l'huile de sésame.

Placez tous les ingrédients dans un grand bol, verser la sauce au tahini et mélanger pour vous assurer que tous les côtés sont recouverts de sauce. Parsemer de graines de sésame et servir.

Valeur nutritive par portion: 420kcal, protéine 45g, glucides 26g (fibre 10g, sucre 12g), lipides 18g (2g saturé), 19% de calcium, 47% de fer, 48% de magnésium, 33% de vitamine A, 303% de vitamine C, 17 % de vitamine E, 31% de vitamine K, 38% de vitamine B1, 36% de vitamine B2, 38% de vitamine B3, 13% de vitamine B5, 66% de vitamine B6, 35% de vitamine B9, 42% de vitamine B12.

24. Pain de viande de Dinde avec Couscous de blé entier

Cuit dans un moule à muffins, ce pain de viande de dinde fait en sorte que vous réduisez la consommation de lipides saturées. Mélangez un peu en ajoutant du poivre ou des champignons cloche à la place de l'oignon dans les boulettes de viande et assaisonnez avec une pincée d'ail écrasé.

Ingrédients (1 portion):
140g de dinde hachée maigre
¾ tasse oignons rouges, coupés en dés
1 tasse d'épinards crus
1/3 tasse de sauce marinara faible en sodium
½ tasse de couscous de blé entier, bouilli
Assaisonnement au choix : persil, basilic, coriandre
Poivre, sel
Spray d'huile d'olive

Temps de préparation: 5 min
Temps de cuisson: 20 min

Préparation:
Préchauffer le four à 200C / gaz 6.
Assaisonnez la dinde avec l'assaisonnement de votre choix et ajouter les oignons en dés.
Pulvériser légèrement votre moule à muffins avec de l'huile d'olive, placer la dinde hachée dans les moules a

muffins. Couvrir chaque boulette de dinde avec 1 cuillère à soupe de sauce marinara, puis placer dans le four et cuire pendant 8-10 min.

Servir avec du couscous.

Valeur nutritive par portion: 460kcal, protéine 34g, glucides 53g (fibre 4g, sucre 7g), lipides 12g (4g saturé), 12% de calcium, 15% de fer, 10% de magnésium, 16% de vitamine A, 15% de vitamine C, 11 % de vitamine E, 16% de vitamine K, 11% de vitamine B1, 25% de vitamine B3, 16% de vitamine B6, 11% de vitamine B9.

25. Burger de thon et salade

Le burger de thon est riche en protéines et en glucides, ce qui en fait un excellent choix pour un repas d'une journée d'entraînement. Vous pouvez le faire différemment à chaque fois et le garder intéressant par commutation entre les légumes et l'assaisonnement de votre vinaigrette.

Ingrédients (1 portion):
1 morceau de thon en conserve (165g)
1 blanc d'œuf
½ tasse de champignons hachés
2 tasses de laitue, déchiquetée
¼ tasse d'avoine sèche
1 cuillère à café d'huile d'olive
1 cuillère à soupe vinaigrette faible en gras (de préférence)
Petit bouquet d'origan haché
1 rouleau de pain de blé coupé en deux

Temps de préparation: 10 min
Temps de cuisson: 10 min

Préparation:
Mélanger le blanc d'œuf, le thon, l'avoine sèche, l'origan et former une galette.

Chauffer l'huile dans une poêle antiadhésive sur feu moyen, mettre la galette et la retourner pour vous assurer qu'elle cuit des deux côtés.

Couper le pain de blé entier en deux, horizontalement, placez la galette entre les deux pièces.

Mélanger les légumes dans un bol, ajouter la vinaigrette et servir à côté du burger de thon.

Valeur nutritive par portion: 560kcal, protéine 52g, glucides 76g (fibre 13g, sucre 7g), lipides 10g (1g saturé), 11% de calcium, 35% de fer, 38% de magnésium, 16% de vitamine A, 16% de vitamine K, 35 % de vitamine B1, 33% de vitamine B2, 24% de vitamine B3, 28% de vitamine B5, 41% de vitamine B6, 21% de vitamine B9, 82% de vitamine B12.

26. Brochettes de Beefsteak Epicées

Cette brochette épicée est servie avec des patates douces cuites au four, ce qui en fait non seulement un repas de renforcement musculaire, mais aussi un excellent moyen d'introduire la vitamine A qui protège la vue à votre régime alimentaire. Ajouter une cuillère à soupe de yaourt faible en gras à vos patates pour les rendre plus rafraîchissantes.

Ingrédients (1 portion):
140g de bifteck de flanc de bœuf maigre
200g de patates douces
1 poivron haché
½ courgette moyenne, hachée
Ail haché
Poivre, sel

Temps de préparation: 15 min
Temps de cuisson: 55 min

Préparation:
Préchauffer le four à 200C / gaz 6. Enveloppez la patate douce dans une feuille d'alu, mettre au four et faire cuire pendant 45 min.
Couper le bifteck de flanc de bœuf maigre en petits morceaux, assaisonner avec le sel, le poivre et l'ail.

Assembler le kebab, alternant entre le bœuf, la courgette et le poivron.

Placez le kebab sur une plaque de cuisson et cuire au four pendant 10 min. Servir avec la patate douce.

Valeur nutritive par portion: 375kcal, protéine 38g, glucides 49g (fibre 9g, sucre 12g), lipides 4g (1g saturé), 24% de fer, 27% de magnésium, 581% de vitamine A, 195% de vitamine C, 21% de vitamine K, 22% de vitamine B1, 28% de vitamine B2, 61% de vitamine B3, 28% de vitamine B5, 92% de vitamine B6, 20% de vitamine B9, 30% de vitamine B12.

27. Truite avec salade de Pommes de Terre

Vous voulez vous assurer que vous ne manquez pas de vitamine B12? Essayez cette copieuse portion de truite, jumelée avec une salade de pommes de terre au goût frais, emballée de vitamines et de substances nutritives.

Ingrédients (2 portions):

2 * 140 g de filets de truite

250g de pommes de terre lisses, coupées en deux

4 cuillères à café de yaourt

4 cuillères à café de mayonnaise faible en gras

1 cuillère à soupe de câpres, rincées

4 petits cornichons, tranchés

2 oignons, finement tranchés

¼ de concombre, coupé en dés

Le zeste de ½ citron

Temps de préparation: 10 min

Temps de cuisson: 20 min

Préparation:

Faire bouillir les pommes de terre dans de l'eau salée pendant 15 min jusqu'à ce qu'elles soient tendres. Égoutter et rincer sous l'eau froide, puis égouttez à nouveau.

Chauffer le gril.

Mélanger la Mayonnaise avec le yaourt et assaisonner avec un peu de jus de citron. Incorporer le mélange dans les pommes de terre avec les câpres, la plupart des oignons, concombres et cornichons. Parsemez la salade avec le reste des oignons.

Assaisonner la truite, faire griller sur une plaque de cuisson, côté peau vers le bas, jusqu'à ce qu'elle soit juste cuite. Arroser du zeste de citron et servir avec la salade de pommes de terre.

Valeur nutritive par portion: 420kcal, protéine 38g, glucides 28g (fibre 3g, sucre 6g), lipides 13g (3g saturés), 12% de calcium, 11% de fer, 22% de magnésium, 29% de vitamine C, 59% de vitamine K, 21 % de vitamine B1, 18% de vitamine B2, 12% de vitamine B3, 22% de vitamine B5, 43% de vitamine B6, 18% de vitamine B9, 153% de vitamine B12.

28. Chili de Haricots Mexicain

Un repas de midi avec une teneur élevée en protéines, ce plat est un excellent moyen d'avoir un tiers de votre apport quotidien nécessaire en fibres. Bien qu'il ait suffisamment de nutriments pour être un repas autonome, il peut également être servi sur un lit de riz brun.

Ingrédients (2 portions):
250g de viande hachée
200g de fèves au lard en boite
75ml de bouillon de bœuf
½ oignon coupé en dés
½ poivron rouge, coupé en dés
1 cuillère à café de pâte de piment chipote
1 cuillère à café d'huile d'olive
½ cuillère à café de poudre de chili
1 tasse de riz brun, cuit (facultatif)
Feuilles de coriandre, pour servir

Temps de préparation: 5 min
Temps de cuisson: 45 min

Préparation:
Chauffer l'huile dans une poêle antiadhésive à feu moyen puis faire frire l'oignon et le poivron rouge jusqu'à ce

qu'ils ramollissent. Augmenter le feu, ajouter la poudre de chili et cuire pendant 2 min avant d'ajouter la viande hachée. Cuire jusqu'à ce que doré et tout le liquide se soit évaporé.

Ajouter le bouillon de bœuf, les fèves au lard et la pâte de piment chipote. Laisser mijoter à feu doux pendant 20 min, puis assaisonner et décorer avec des feuilles de coriandre, puis servir avec du riz bouilli.

Valeur nutritive par portion (sans riz): 402kcal, protéine 34g, glucides 19g (fibre 5g, sucre 10g), lipides 14g (5g saturé), 29% de fer, 15% de magnésium, 42% de vitamine C, 11% de vitamine B1, 16 % de vitamine B2, 34% de vitamine B3, 40% de vitamine B6, 18% de vitamine B9, 52% de vitamine B12.

½ tasse de riz: 108kcal

29. Nouilles de bœuf et brocoli

Un plat savoureux et pratique, les nouilles de bœuf et brocoli prennent seulement 20 min à préparer, ce qui en fait un excellent choix pour une journée bien remplie. Vous pouvez servir avec quelques tranches de piment rouge pour un peu de piquant supplémentaire.

Ingrédients (2 portions):
2 tasses de nouilles aux œufs
200 g de lanières de bœuf sautées
1 oignon vert, tranché
½ tête de brocoli, en petits bouquets
1 cuillère à café d'huile de sésame

Pour la sauce:
1 ½ cuillère à soupe de sauce de soja pauvre en sel
1 cuillère à café de Ketchup de tomate
1 gousse d'ail écrasée
1 cuillère à soupe sauce aux huîtres
¼ racine de gingembre finement râpée
1 cuillère à café de vinaigre de vin blanc

Temps de préparation: 10 min
Temps de cuisson: 10 min

Préparation:

Mélanger les ingrédients de la sauce. Faire bouillir les nouilles selon les instructions d'emballage. Verser le brocoli quand ils sont presque prêts. Laisser agir quelques minutes puis égoutter les pâtes et le brocoli.

Chauffer l'huile dans un wok jusqu'à ce qu'elle devienne très chaude, puis faire sauter le bœuf pendant 2-3 minutes jusqu'à ce qu'il devienne doré. Versez la sauce, remuez et laissez mijoter pendant quelques instants, puis éteignez le feu.

Incorporer le bœuf dans les nouilles, garnir avec l'oignon vert et servir immédiatement.

Valeur nutritive par portion: 352kcal, protéine 33g, glucides 39g (fibre 5g, sucre 5g), lipides 9g (2g saturé), 20% de fer, 20% de magnésium, 20% de vitamine A, 224% de vitamine C, 214% de vitamine K, 14% de vitamine B1, 19% de vitamine B2, 43% de vitamine B3, 18% de vitamine B5, 50% de vitamine B6, 31% de vitamine B9, 23% de vitamine B12.

30. Goberge gainé de Pancetta avec pommes de terre

Ce plat léger et frais à la dégustation fournit beaucoup d'énergie et est riche en protéines, ce qui en fait une option idéale pour un repas de midi. La goberge peut être remplacée par un autre poisson blanc, tandis que les olives peuvent être remplacées par des tomates séchées.

Ingrédients (2 portions):
2 * 140g de filets de goberge
4 tranches de pancetta
300g pommes de terre nouvelles
100g de haricots verts
30g d'olives Kalamata
Jus et le zeste de 1 citron
2 cuillères à soupe d'huile d'olive
Quelques brins d'estragon, feuilles cueillies

Temps de préparation: 10 min
Temps de cuisson 15 min

Préparation:
Chauffer le four à 200C / gaz 6. Faire bouillir les pommes de terre pour 10-12 min jusqu'à tendreté, ajouter les haricots durant les dernières 2-3 min. Bien égoutter, couper les pommes de terre en deux et verser dans un plat de cuisson. Mélanger avec les olives, le zeste de citron et l'huile et bien assaisonner.

Assaisonner le poisson et envelopper avec le pancetta puis placez-le sur le dessus des pommes de terre. Cuire au four pendant 10-12 min jusqu'à cuisson, puis ajoutez le jus de citron, parsemer d'estragon et servir.

Valeur nutritive par portion: 525kcal, protéine 46g, glucides 36g (fibre 5g, sucre 3g), lipides 31g (8g saturé), 10% de fer, 31% de magnésium, 63% de vitamine C, 18% de vitamine K, 15% de vitamine B1, 13% de vitamine B2, 14% de vitamine B3, 25% de vitamine B6, 73% de vitamine B12.

DÎNER

31. Bol de Sushi

Un bol de sushi hypocalorique qui remplace le riz par le chou-fleur parfumé à l'ail, la sauce soja et le jus de citron pour plus de goût. Utilisez les feuilles d'algues pour envelopper les légumes et le saumon et faire un mini rouleau.

Ingrédients (2 portions):
170g de saumon fumé
1 avocat moyen
½ tête de chou-fleur, cuite à la vapeur et hachée
1/3 tasse de carottes, râpées
½ cuillère à café de Cayenne
½ cuillère à café de poudre d'ail
1 cuillère à soupe de sauce soja faible en sodium
2 feuilles d'algues
Jus de ½ citron vert

Temps de préparation: 10 min
Pas de cuisson

Préparation:
Placez le chou-fleur, les carottes, la sauce soja, l'ail, le jus de citron vert et le poivre de Cayenne dans un robot

culinaire. Arrêtez le mixage avant que le mélange ne se transforme en une pâte. Servir à côté des feuilles de saumon et d'algues.

Valeur nutritive par portion: 272kcal, protéine 20g, glucides 13g (fibre 7g, sucre 4g), lipides16g (1g saturé), 10% de fer, 14% de magnésium, 73% de vitamine A, 88% de vitamine C, 13% de vitamine E, 40% de vitamine K, 18% de vitamine B1, 15% de vitamine B2, 31% de vitamine B3, 21% de vitamine, 31% de vitamine B6, 26% de vitamine B9, 45% de vitamine B12.

32. Poulet Aigre-doux

Le poulet aigre-doux est une délicieuse recette simple, qui a une place dans toutes les cuisines saines. Il est riche en protéines et en vitamines et s'assemble bien avec les bouquets de brocoli cuits à la vapeur.

Ingrédients (2 portions):
300g poitrines de poulet coupées en morceaux de la taille d'une bouchée
1 cuillère à café de sel d'ail
¼ tasse de bouillon de poulet faible en sodium
¼ tasse de vinaigre blanc
¼ édulcorant sans calorie
¼ de cuillère à café de poivre noir
1 cuillère à café de sauce soja faible en sodium
3 cuillères à café de ketchup faible teneur en sucre
Arrow-root
400g de bouquets de brocoli cuits à la vapeur,

Temps de préparation: 10 min
Temps de cuisson 15 min

Préparation:
Placer le poulet dans un grand bol et assaisonnez avec l'ail, le poivre et le sel, en le tournant pour bien l'enrober. Faire cuire le poulet sur feu moyen / élevé jusqu'à cuisson.

Dans le même temps, fouetter ensemble le bouillon de poulet, l'édulcorant, le vinaigre, le ketchup et la sauce de soja dans une casserole, porter le mélange à ébullition et mettre a feu doux. Ajouter l'arrow-root un peu à la fois et fouetter vivement. Continuer à remuer pendant quelques minutes.

Verser la sauce sur le poulet cuit et servir avec du de brocoli cuit à la vapeur sur le côté.

Valeur nutritive par portion: 250kcal, protéine 40g, glucides 14g (fibre 6g, sucre 4g), lipides 2g, 11% de calcium, 14% de fer, 20% de magnésium, 24% de vitamine A, 303% de vitamine C, 254% de vitamine K, 17% de vitamine B1, 21% de vitamine B2, 90% de vitamine B3, 24% de vitamine B5, 58% de vitamine B6, 33% de vitamine B9.

33. Houmous Aillé

Vous avez seulement besoin de 5 min pour faire ce délicieux repas très sain. Il est plein à craquer avec du magnésium et a une quantité décente de protéines considérant que cette recette est sans viande. Prenez une tortilla de blé entier et faites ce repas à emporter.

Ingrédients (3 portions):
1 * 400g de pois chiches en conserve (Reserver1/4 du liquide)
¼ tasse tahini
¼ tasse de jus de citron
1 gousse d'ail
1 cuillère à soupe d'huile d'olive
¼ de cuillère à café de gingembre moulu
¼ de cuillère à café de cumin moulu
2 oignons, hachés finement
1 tomate, hachée

Temps de préparation: 5 min
Pas de cuisson

Préparation:
Placez le pois chiches, le liquide, le tahini, le jus de citron, l'huile d'olive, l'ail, le cumin et le gingembre dans un robot culinaire et mélanger jusqu'à consistance lisse.

Incorporer les tomates et les oignons verts et assaisonner avec le sel et le poivre. Servir des tranches de poivron à côté.

Valeur nutritive par portion: 324kcal, protéine 11g, glucides 21g (fibre 7g, sucre 1g), lipides 17g (2g saturé), 22% de calcium, 54% de fer, 135% de magnésium, 10% de vitamine A, 12% de vitamine C, 33 % de vitamine K, 122% de vitamine B1, 12% de vitamine B2, 44% de vitamine B3, 11% de vitamine B5, 12% de vitamine B6, 40% de vitamine B9.

34. Poulet à l'ananas et aux poivrons

Faites une pause des recettes de poulet habituelles et essayez cette version avec de l'ananas frais et sucré. Riche en vitamine B3 et en protéines, ce repas est aussi une source importante de glucides. Dans le ton avec le changement de rythme, vous pouvez remplacer le riz par du quinoa.

Ingrédients (1 portion):
140g poitrine de poulet désossée,
1 cuillère à soupe de moutarde
½ tasse d'ananas frais, en dés
½ tasse de poivrons cloche, coupé en dés
50g de riz brun
Un spray d'huile de noix de coco
1 cuillère à café de cumin
Sel et poivre

Temps de préparation: 5 min
Temps de cuisson: 15 min

Préparation:
Couper le poulet en petits morceaux, puis frotter alors la moutarde sur les morceaux et assaisonner avec le sel, le poivre et le cumin.
Mettez une poêle à feu moyen et vaporisez légèrement avec de l'huile de noix de coco, ajoutez le poulet et cuire

de tous les côtés. Quand le poulet est presque terminé, augmentez la chaleur et remuer les morceaux d'ananas et les poivrons, faites cuire et assurez-vous que toutes les parties sont bien dorées. Cela devrait prendre 3-5 min. Faites bouillir le riz brun et servez à côté du poulet.

Valeur nutritive par portion: 377kcal, protéine 37g, glucides 50g (fibre 6g, sucre 10g), lipides 1g, 12% de fer, 33% de magnésium, 168% de vitamine C, 26% de vitamine B1, 13% de vitamine B2, 96% de vitamine B3 , 22% de vitamine B5, 65% de vitamine B6, 10% de vitamine B9.

35. Bol de Protéines style Mexicain

Offrez-vous une pause de la viande et jeter ces ingrédients ensemble pour une alternative plus savoureuse qu'à l'habitude. Vous pouvez sauter les lipides frits et les calories malsaines et toujours avoir la saveur d'un repas mexicain.

Ingrédients:
1/3 tasse de haricots cuits noir
½ tasse de riz brun cuit
2 cuillères à soupe de salsa
¼ d'avocat, en tranches

Temps de préparation: 5 min
Pas de cuisson

Préparation:
Mélanger tous les ingrédients dans un bol et servir.

Valeur nutritive par portion: 307kcal, protéine 11g, glucides 48g (de fibre de 11g, sucre 1g), lipides 7g (sucre 1g), 26% de magnésium, 13% de la vitamine K, 16% de la vitamine B1, 11% de la vitamine B3, 17% de la vitamine B6, 30% de la vitamine B9.

36. Salade de Roquette au Poulet

Les feuilles de roquette ajoutent de la satisfaction à cette salade douce et super saine. Plein de légumes et de sources de protéines de qualité, ce repas peut être enrichi avec un simple ajout de yaourt faible en gras et de l'ail.

Ingrédients (1 portion):
120g de poitrine de poulet
5 carottes, hachées
¼ de chou rouge, haché
½ tasse de roquette
1 cuillère à soupe de graines de tournesol
1 cuillère à café d'huile d'olive

Temps de préparation: 10 min
Temps de cuisson: 10 min

Préparation:
Couper le poulet en cubes de la taille de bouchées. Chauffer l'huile d'olive dans une poêle antiadhésive et faire revenir le poulet jusqu'à ce qu'il soit cuit. Mettre de côté et laisser refroidir.
Placer les carottes, la roquette et le chou dans un grand bol. Recouvrir la salade avec le poulet et les graines de tournesol refroidies et servir.

Valeur nutritive par portion: 311kcal, protéine 30g, glucides 9g (fibre 1g), lipides 13g (1g saturé), 11% de fer, 22% de magnésium, 150% de vitamine A, 25% de vitamine C, 29% de vitamine E, 32% de vitamine K, 23% de vitamine B1, 10% de vitamine B2, 72% de vitamine B3, 11% de vitamine B5, 49% de vitamine B6, 17% de vitamine B9.

37. Flétan a la Moutarde de Dijon

Ce repas de flétan acidulé est un moyen rapide et facile d'obtenir une dose copieuse de protéines. Il est faible en glucides et riche en vitamines, ce qui en fait un choix parfait pour le souper. Le faible nombre de calories vous permet de doubler la sauce si vous vous sentez indulgent.

Ingrédients (2 portions):

220g flétan

¼ oignon coupé en dés

1 poivron rouge, coupé en dés

1 gousse d'ail

1 cuillère à soupe de moutarde de Dijon

1 cuillère à café de sauce Worcestershire

1 cuillère à café d'huile d'olive

Le jus de 1 citron

Un bouquet de persil

2 grosses carottes coupées en bâtonnets

1 tasse de bouquets de brocoli

1 tasse de champignons tranchés

Temps de préparation: 10 min

Temps de cuisson: 20 min

Préparation:

Placez le poivron rouge, l'ail, le persil, la moutarde, la sauce Worcestershire, l'oignon, le jus de citron et l'huile d'olive dans un robot culinaire.

Placez le poisson, la sauce et le reste des légumes dans un grand sac en papier sulfurisé. Cuire au four à 190 ° C / gaz 5 pendant 20 minutes puis servir.

Valeur nutritive par portion: 225kcal, protéine 33g, glucides 12g (fibre 3g, sucre 5g), lipides 5g (1g saturé), 11% de calcium, 10% de fer, 35% de magnésium, 180% de vitamine A, 77% de vitamine C, 71 % de vitamine K, 13% de vitamine B1, 19% de vitamine B2, 51% de vitamine B3, 14% de vitamine B5, 34% de vitamine B6, 15% de vitamine B9, 25% de vitamine B12.

38. Poulet Cuit au Plateau

Rapide, facile et savoureux, ce plat devrait être un incontournable de l'été dans votre cuisine car il n'y a pas de pénurie de tomates cerises. Le pesto ajoute une saveur rafraîchissante à une poitrine de poulet assaisonnée tout simplement.

Ingrédients (2 portions):
300g de poitrine de poulet
300g de tomates cerise
2 cuillères à soupe de pesto
1 cuillère à soupe d'huile d'olive
Sel poivre

Temps de préparation: 5 min
Temps de cuisson: 15 min

Préparation:
Placez le poulet dans un plat à rôtir, assaisonner, arrosez avec l'huile d'olive puis faites griller pendant 10 min. Ajoutez les tomates cerises et faites les griller pendant 5 min jusqu'à ce que le poulet soit bien cuit. Étendez le pesto sur le dessus et servir à côté des tomates cerise.

Valeur nutritive par portion: 312kcal, protéine 36g, glucides 7g (fibre 2g, sucre 5g), lipides 19g (4g saturé), 15% de magnésium, 25% de vitamine A, 34% de vitamine

C, 11% de vitamine E, 20% de vitamine K , 10% de vitamine B1, 88% de vitamine B3, 13% de vitamine B5, 33% de vitamine B6.

39. Burger de Tofu

Le Tofu a tous les acides aminés essentiels, ce qui en fait un substitut parfait pour la viande. Les oignons caramélisés avec les flocons de chili et le Sriracha, jumelé avec le tofu teriyaki infusé, raviront vos papilles.

Ingrédients (1 portion):
85g tofu (extra ferme)
1 cuillère à soupe de marinade Teriyaki
1 cuillère à soupe de Sriracha
1 feuille de laitue
30g carottes, râpées
¼ oignon rouge, tranché
½ cuillère à café de piment rouge flocons
Pain de blé entier 1 moyen

Temps de préparation: 5 min
Temps de cuisson: 10 min

Préparation:
Chauffer le gril.
Faire mariner le tofu dans la marinade Teriyaki, les flocons de piment rouge et le Sriracha puis faites griller pendant 3-5 min de chaque côté.
Frire l'oignon rouge dans une poêle antiadhésive jusqu'à caramélisation.

Couper le rouleau en deux jusqu'à ce que vous puissiez l'ouvrir comme un livre. Farcir le rouleau avec le tofu grillé, les oignons caramélisés, les carottes et la laitue et servir.

Valeur nutritive par portion: 194kcal, protéine 11g, glucides 28g (fibre 5g, 8g de sucre), lipides 5g (1g saturé), 21% de calcium, 14% de fer, 19% de magnésium, 95% de vitamine A, 10% de vitamine B1, 14 % de vitamine B6.

40. Cabillaud Chaud

Riche en protéines et graisses saines et faible en glucides, ce super-cabillaud épicé vous donnera un coup de pouce pour le reste de votre journée. Servez-le avec un peu de riz brun si vous avez besoin d'un apport de glucides pour une séance d'entraînement du soir et ajoutez 2 poivrons si vous sentez que vous pouvez gérer plus de piquant.

Ingrédients (2 portions):
340g de morue blanche
10 tomates cerise, coupées en deux
2 piments jalapeno, tranchés
2 cuillères à soupe d'huile d'olive
Sel de mer
Poudre de piment

Temps de préparation: 5 min
Temps de cuisson: 10 min

Préparation:
Chauffer l'huile dans une poêle antiadhésive. Retourner le cabillaud dans le sel et la poudre de chili, ajouter à la casserole et faire cuire pendant 10 min sur feu moyen. Mélanger les poivrons 1-2 min avant que le poisson soit cuit.
Servir avec des tomates cerise.

Valeur nutritive par portion: 279kcal, protéine 30g, glucides 6g (fibre 1G, 1 g de sucre), lipides 16g (2g saturé), 11% de magnésium, 17% de vitamine A, 38% de vitamine C, 26% de vitamine E, 33% de vitamine K, 24% de vitamine B3, 43% de vitamine B6, 26% de vitamine B12.

41. Burger de champignons grillés et courgettes

Les champignons portobello ont une texture charnue épaisse qui en fait un favori parmi les végétariens et les amateurs de viande de même. Offrez-vous le hamburger de la nature et obtenez une charge de minéraux et de vitamines à un coût calorique minime.

Ingrédients (1 portion):
1 grand chapeau de champignon portobello
¼ petites courgettes, tranchées
1 cuillère à café de poivrons torréfiés
1 tranche de fromage faible en gras
4 feuilles d'épinard
Spray d'huile d'olive
Pain de blé entier 1 moyen

Temps de préparation: 5 min
Temps de cuisson: 5 min

Préparation:
Chauffez le gril. Vaporisez le chapeau de champignon avec de l'huile d'olive puis faites griller deux tranches de courgettes et les champignons.
Coupez le rouleau en deux, horizontalement, puis placer les ingrédients en couches sur une moitié et couvrir avec l'autre. Servir immédiatement.

Valeur nutritive par portion: 185kcal, protéine 12g, glucides 24g (fibre 4g, sucre 5g), lipides 4g (1g saturé), 21% de calcium, 17% de fer, 20% de magnésium, 78% de vitamine A, 28% de vitamine C, 242 % de vitamine K, 15% de vitamine B1, 37% de vitamine B2, 26% de vitamine B3, 16% de vitamine B5, 16% de vitamine B6, 31% de vitamine B9.

42. Poisson de la Méditerranée

Quelle meilleure façon d'atteindre votre apport quotidien en vitamine B12 qu'avec un éclatement de plat de saveurs méditerranéennes? Le reste des vitamines et des minéraux sont également bien représentés et le nombre de protéines est à une bonne quantité pour un souper léger.

Ingrédients (2 portions):
200g truite fraîche
2 tomates moyennes
3 cuillères à café de câpres
½ poivron rouge, haché
1 gousse d'ail, hachée
10 olives vertes, tranchées
¼ oignon, haché
½ tasse d'épinards
1 cuillère à soupe d'huile d'olive
Sel et poivre

Temps de préparation: 10 min
Temps de cuisson: 15 min

Préparation:
Faire chauffer une grande poêle à feu moyen; ajouter les tomates entières, l'ail et l'huile d'olive. Couvrir et laisser

mijoter à feu doux pendant quelques minutes jusqu'à ce que les tomates commencent à ramollir.

Ajouter l'oignon, le poivron, les olives, les câpres, sel et poivre (et un peu d'eau si nécessaire). Couvrir et laisser mijoter jusqu'à ce que les tomates ont été rompues et le poivron et l'oignon aient ramolli.

Ajouter la truite, couvrir et laisser pocher 5-7 min.

Ajouter les épinards à la dernière minute puis servir.

Valeur nutritive par portion: 305kcal, protéine 24g, glucides 7g (fibre 1g, sucre 4g), lipides 11g (3G saturé), 10% de calcium, 12% de magnésium, 36% de vitamine A, 56% de vitamine C, 62% de vitamine K, 13% de vitamine B1, 33% de vitamine B3, 12% de vitamine B5,25% de vitamine B6, 15% de vitamine B9, 105% de vitamine B12.

43. Dîner Vegan Amical

Un repas convivial végétalien avec une bonne quantité de protéines et de vitamines. Donnez à votre palais le goût qu'il mérite avec cette sauce sucrée et épicée qui parfume une quantité de tofu rassasiante et est facile à faire.

Ingrédients (2 portions):
340g de tofu
¼ de tasse de sauce de soja
¼ de tasse de cassonade
2 cuillères à café d'huile de sésame
1 cuillère à café d'huile d'olive
1 cuillère à café de flocons de piment fort
2 gousses d'ail, hachées
1 cuillère à café de gingembre fraîchement râpé
Sel

Temps de préparation: 5 min
Temps de cuisson: 15 min

Préparation:
Mélanger la cassonade, la sauce de soja, l'huile de sésame, le gingembre, les flocons de piment et le sel dans un bol et mettre de côté.
Verser l'huile d'olive dans une casserole et mettre sur le feu puis faire frire le tofu pendant environ 10 min.

Verser la sauce dans la casserole et cuire pendant 3-5 min. Servir lorsque la sauce a épaissi et le tofu est fait.

Valeur nutritive par portion: 245kcal, protéine 17g, glucides 15g (fibre 1g, sucre 11g), lipides 15g (3G saturé), 34% de calcium, 19% de fer, 19% de magnésium, 11% de vitamine B2, 11% de vitamine B6.

44. Fondue de Thon

Contrairement à une fondue de thon régulière qui est riche en graisses saturées et en glucides, celle-ci a une quantité modérée de glucides et emballe le punch-protéines d'une boîte de thon, ce qui en fait un excellent repas qui soutient la croissance de la masse musculaire maigre.

Ingrédients (2 portions):
1 boîte de thon (165g)
2 tranches de fromage mozzarella de faible teneur en gras
2 cuillères à café Sauce tomate
1 muffin anglais de blé entier
Une pincée d'origan

Temps de préparation: 5 min
Temps de cuisson: 3 min

Préparation:
Préchauffer le four à 190C / gaz 5.
Trancher le muffin anglais puis frotter chaque moitié avec la sauce tomate. Couvrir du thon, parsemez d'origan et placer une tranche de fromage sur le dessus du thon. Placer les mini-fonds dans le four et cuire pendant 2-3 min ou jusqu'à ce que le fromage soit fondu puis diviser entre 2 assiettes et servir.

Valeur nutritive par portion: 255kcal, protéine 31g, glucides 14g (fibre 2g, 2 g de sucre), lipides 6g (4g saturé), 29% de calcium, 11% de fer, 13% de magnésium, 10% de vitamine B1, 10% de vitamine B2, 60% de vitamine B3, 23% de vitamine B6, 52% de vitamine B12.

45. poulet et salade d'avocat

Un repas qui fournit un grand équilibre de protéines de qualité et de graisses saines qui vous satisferont sans trop en faire sur le front des glucides. Remplacer le vinaigre avec du jus de citron pour une sensation de fraîcheur.

Ingrédients (1 portion):
100g de poitrine de poulet
1 cuillère à café de paprika fumé
2 cuillères à café d'huile d'olive
Pour la salade:
½ avocat moyen, coupé en dés
1 tomate moyenne, hachée
½ petit oignon rouge, tranché finement
1 cuillère à soupe de persil, haché grossièrement
1 cuillère à café de vinaigre de vin rouge

Temps de préparation: 10 min
Temps de cuisson: 10 min

Préparation:
Chauffer le barbecue à feu moyen. Frottez le poulet avec 1 cuillère à café d'huile d'olive et le paprika. Cuire pendant 5 minutes de chaque côté jusqu'à ce qu'il soit bien cuit et légèrement carbonisé. Couper le poulet en tranches épaisses.

Mélanger les ingrédients de la salade, assaisonner, ajouter le reste de l'huile d'olive et servir avec le poulet.

Valeur nutritive par portion: 346kcal, protéine 26g, glucides 14g (fibre 6g, sucre 4g), lipides 22g (3G saturé), 16% de magnésium, 22% de vitamine, 44% de vitamine C, 18% de vitamine E, 38% de vitamine K, 12% de vitamine B1, 11% de vitamine B2, 66% de vitamine B3, 19% de vitamine B5, 43% de vitamine B6, 22% de vitamine B9.

SNACKS

1. Tomates cerise avec fromage blanc

Couper 5 tomates cerise en deux et les mélanger avec 2 cuillères à soupe de fromage de chèvre mixé avec de l'aneth frais et une pincée de sel.

Valeur nutritive: 58kcal, protéine 4g, glucides 10g, 30% de vitamine A, 40% de vitamine C, 20% de vitamine K, 10% de vitamine B1, 10% de vitamine B6, 10% de vitamine B9.

2. Avocat sur Toast

Griller un petit morceau de pain de blé entier, puis couvrir avec 50g de purée d'avocat et saupoudrer de sel et de poivre.

Valeur nutritive: 208kcal, protéine 5g, 28g de glucides (fibres 6g, sucre 2g), lipides 9g (1g saturé), 13% de vitamine K, 13% de vitamine B9.

3. Poivrons avec fromage blanc

Coupez un petit poivron en deux, épépinez-le, puis farcir avec 50g de fromage blanc mélangé avec votre choix d'assaisonnement.

Valeur nutritive: 44kcal, protéine 6g, glucides 3g (sucre 3G), 49% de vitamine C.

4. Gâteau de riz avec beurre d'arachide

Étendre 1 cuillère à soupe de beurre d'arachide crémeux sur un gâteau de riz.

Valeur nutritive: 129kcal, protéine 5g, 10g de glucides (fibre 1 g, sucre 1 g), lipides 8g (1g saturé), 10% de vitamine B3.

5. bâtonnets de céleri au fromage de chèvre et olives vertes

Recouvrir 3 bâtonnets de céleri moyens avec 3 cuillères à soupe de fromage de chèvre et 3 olives vertes tranchées.

Valeur nutritive: 102kcal, protéine 4g, glucides 6g (fibres 3 g), lipides 6g (4g saturé), 12% de calcium, 45% de vitamine K, 18% de vitamine A, 12% de vitamine B9.

6. yaourt avec baies de Goji séchées

Mélanger 150g de yaourt faible en gras avec 10g de baies de goji.

Valeur nutritive: 134kcal, protéines 7g, glucides 19g (fibre 1g, 18% de sucre), lipides 4g (1g saturé), 27% de calcium, 24% de fer, 13% de vitamine C, 19% de vitamine B2, 13% de vitamine B12.

7. Pomme au beurre d'arachide

Trancher 1 petite pomme et repartir 1 cuillère à soupe crémeuse de beurre d'arachide sur les morceaux.

Valeur nutritive: 189kcal, protéine 4g, glucides 28g (fibres 5g, 20g de sucre), lipides 8g (1g saturé), 14% de vitamine C, 14% de vitamine B3.

8. yaourt grec avec des fraises.

Mélanger 150g de yaourt grec avec 5 fraises moyennes coupées en deux.

Valeur nutritive: 150kcal, protéine 11g, 10g de glucides (sucre 10g), lipides 8g (5g saturé), 10% de calcium, 60% de vitamine C.

9. mélange de noix

Mélanger ensemble 10g de noix, 10g d'amandes et 30g de raisins secs.

Valeur nutritive: 217kcal, protéine 4g, glucides 25g (fibres 2 g, 17g de sucre), lipides 13g (1g saturé), 10% de magnésium.

10. Bâtonnets de céleri et jambon

Enveloppez 6 bâtonnets de céleri moyens avec 3 tranches de jambon et servir avec une cuillère à café de moutarde à l'ancienne.

Valeur nutritive: 129kcal, protéine 15g, glucides 6g (fibre 6g), lipides 3g, 12% de calcium, 24% de vitamine A, 12% de vitamine C, 90% de vitamine K, 18% de vitamine B1, 12% de vitamine B2, 24% de vitamine B3, 15% de vitamine B6, 24% de vitamine B9.

11. Yaourt avec des fruits tropicaux

Ajouter 150g de yaourt grec avec ½ tasse de kiwi coupé en morceaux et ¼ tasse de mangue coupée en morceaux. **Valeur nutritive:** 210kcal, 12g de protéines, glucides 25g (fibre 2g, sucre 19g), lipides 8g (5g saturé), 13% de calcium, 11% de vitamine A, 155% de vitamine C, 46% de vitamine K.

12. Yaourt de Myrtilles

Mélanger 150g de yaourt faible en gras avec ½ tasse de myrtilles.

Valeur nutritive: 136kcal, protéine 8g, glucides 21g (fibre 2g, sucre 18g), lipides 3g (1g saturé), 27% de calcium, 13% de vitamine C, 18% de vitamine K, 21% de vitamine B2, 13% de vitamine B12.

13. Coupe de Popcorn

Valeur nutritive: 31kcal, protéine1 g, glucides 6g (fibre 1g).

14. Pois chiches rôtis

Valeur nutritive pour 50g : 96kcal, protéine 4g, glucides 13g (fibres 4g, sucre 2g), lipides 3g.

CALENDRIER DE COMBUSTION DES LIPIDES

Semaine 1

Jour 1:

Yaourt de Fruits et noix

Soupe d'œuf brouillé au poulet et nouilles

Pilaf de champignons au citron

Jour 2:

Petit-déjeuner de gâteaux aux œufs et légumes

Dinde sautée

Aubergines farcies

Jour 3:

Petit déjeuner Guacamole

Saumon au barbecue frotté de citron

Salade d'orange, noix et roquefort

Jour 4:

Smoothie de Fitness

Salade de poulet et de maïs

Curry rouge de légumes

Jour 5:

Crêpes de banane et d'avoine

Truite piquante

Courgettes farcies

Jour 6:

Thon sur pain grillé

Bœuf à l'Ail

Salade De Fruits

Jour 7:

Omelette de Bacon et Brie avec Salade

Soupe au riz et tomate

Truite fumée à la betterave, au fenouil et aux pommes

Semaine 2

Jour 1:

Smoothie de baies

Spaghetti au citron avec brocoli et thon

Champignons farcis

Jour 2:

Bouchées de dinde et Oignons verts

Poulet aux champignons

Riz mexicain et salade de haricots

Jour 3:

Œufs pochés au saumon fumé et aux épinards

Chili de haricots et poivrons

Bouillon Thaïlandais de Légumes et de lait de coco

Jour 4:

Houmous avec du pain pita et légumes

Poisson grillé avec des tomates aux épices marocaines

Soupe de Lentilles, carottes et orange

Jour 5:

Gruau aux pommes et aux raisins secs

Ragoût piquant de fruits de mer

Curry de Pois chiches et épinards

Jour 6:

Omelette de Feta et tomates semi-séchées

Poulet farci aux Épinards et dattes

Carottes rôties à la grenade et au fromage de chèvre

Jour 7:

Yaourt de Fruits et noix

Crevettes au Curry

Riz mexicain et salade de haricots

Semaine 3

Jour 1:

Omelette de Bacon et Brie avec Salade

Chili de Haricots et Poivrons

Truite piquante

Jour 2:

Smoothie de Fitness

Bœuf à l'ail

Aubergines farcies

Jour 3:

Petit déjeuner Guacamole

Dinde Sautée

Salade De Fruits

Jour 4:

Petit-déjeuner de gâteaux aux œufs et légumes

Saumon au barbecue frotté de citron

Curry rouge de légumes

Jour 5:

Crêpes d'avoine à la banane

Soupe d'œufs brouillés au poulet et nouilles

Truite fumée à la betterave, fenouil et pommes

Jour 6:

Thon sur pain grillé

Soupe au riz et tomate

Courgettes farcies

Jour 7:

Smoothie de baies

Salade de poulet et de maïs

Vinaigrette de roquefort, orange et noix

Semaine 4

Jour 1:

Gruau aux pommes et aux raisins secs

Spaghetti au citron avec brocoli et thon

Soupe aux lentilles, carottes et orange

Jour 2:

Œufs pochés au saumon fumé et aux épinards

Poulet aux champignons

Curry de Pois chiches et épinards

Jour 3:

Bouchées de dinde et oignons

Ragoût de fruits de mer épicés

Carottes rôties à la grenade et au roquefort

Jour 4:

Omelette de Feta et tomates semi-séchées

Chili de haricots et poivrons

Salade De Fruits

Jour 5:

Houmous avec du pain pita et légumes

Curry de crevettes

Riz mexicain et salade de haricots

Jour 6:

Yaourt de Fruits et noix

Poulet farci d'épinards et dattes

Bouillon Thaïlandais de Légumes et de lait de coco

Jour 7:

Petit déjeuner Guacamole

Truite piquante

Aubergines farcies

2 jours supplémentaires pour un mois complet:

Jour 1:

Smoothie de Fitness

Salade de poulet et de maïs

Salade de roquefort, orange et noix

Jour 2:

Thon sur pain grillé

Dinde sautée

Curry rouge de légumes

RECETTES DE REPAS HAUTE PERFORMANCE POUR BRÛLER LES LIPIDES

PETIT-DÉJEUNER

1. Omelette de Feta et tomates semi-séchées

Une recette simple, très rapide, faible en calories qui donnera le démarrage qu'elle mérite à votre journée. Pour une pincée supplémentaire de saveur, utiliser des tomates qui ont été conservées dans un mélange d'huile d'olive et d'herbes italiennes.

Ingrédients (1 portion):
2 œufs, légèrement battus
25g de fromage feta émietté
4 tomates semi-séchées, hachées grossièrement
1 cuillère à café d'huile d'olive
Mesclun, pour servir

Temps de préparation: 5 min
Temps de cuisson: 5 min

Préparation:
Chauffer l'huile dans une petite poêle, antiadhésive, puis ajouter les œufs et faire cuire en les retournant avec une cuillère en bois. Quand les œufs sont un peu coulants au

milieu, ajouter les tomates et feta, puis plier l'omelette en deux. Faire cuire pendant 1 min, puis faites-la glisser sur une assiette et servir avec un mélange de feuilles de salade.

Valeur nutritive par portion: 300 kcal, protéines 18g, lipides 20g (7 saturé), glucides 5g (fibre 1g, sucre 4g), sel 1,8 g, 15% de calcium, 22% de vitamine D, 20% de vitamine A, 15% de vitamine C, 25% de vitamine B12.

2. Gruau aux pommes et aux raisins secs

Un petit-déjeuner consistant, chaud et copieux, plein de calcium qui est léger pour l'estomac et parfait comme repas de pré-entraînement, en raison de sa teneur élevée en glucides. Saupoudrer avec un peu de cannelle pour un doux parfum boisé.

Ingrédients (2 portions):
Avoine 50g
250ml de lait faible en gras
2 pommes, pelées et coupées en dés
50g de raisins secs
½ cuillère à soupe de miel

Temps de préparation: 5 min
Temps de cuisson: 10 min

Préparation:
Porter le lait à ébullition dans une casserole à feu moyen et remuer avec l'avoine pendant 3 minutes. Lorsque la concoction devient crémeuse, ajoutez les pommes et les raisins secs et laisser bouillir pendant 2 autres minutes. Verser le mélange dans 2 bols, ajouter le miel et servir immédiatement.

Valeur nutritive par portion: 256kcal, protéines 9g, lipides de 2g (1g saturé), glucides 47G (fibre de 4g, sucre 34g), 17% de calcium, 11% de fer, 17% de magnésium.

3. houmous avec du pain pita et légumes

Ceci est un petit déjeuner simple et nutritif que vous pouvez faire rapidement le matin et emballer pour aller au travail. L'houmous se conserve bien au frigo et les légumes peuvent être entassés dans le pain pita, faisant un sandwich facile à emporter.

Ingrédients (2 portions):
1 boite de 200g de pois chiches, égouttés
1 gousse d'ail écrasée
25g de tahini
¼ de cuillère à café de cumin
Jus de ¼ de citron pressé
Sel poivre
3 cuillères à soupe d'eau
2 pains pita de blé entier
200g mélange de légumes (carottes, céleri, concombre)

Temps de préparation: 15 min
Pas de cuisson

Préparation:
Mélanger les pois chiches, l'ail, le tahini, le cumin, le jus de citron, sel, poivre et eau dans un robot culinaire et pulser à plusieurs reprises jusqu'à ce que le mélange devienne crémeux.
Servir avec du pain pita grillé et mélange de légumes.

Valeur nutritive par portion: 239kcal, protéines 9g, lipides 9g (1g saturé), glucides 28g (fibre 6g, sucre 4g), sel 1,1g, 27% de fer, 23% de magnésium, 14% de vitamine B1.

4. Bouchées de dinde et oignon

Quelle meilleure façon d'utiliser les restes de dinde que de faire un sandwich tortilla délicieux et rapide? Donnez-vous une gâterie qui est riche en protéines, faible en gras saturés et aromatisée avec le goût acidulé du basilic.

Ingrédients (2 portions):

130g de dinde cuite (bouillie ou rôtie), râpée

3 oignons, déchiquetés

1 morceau de concombre, râpé

2 feuilles de salade frisée

1 cuillère à soupe de mayonnaise légère

1 cuillère à soupe de pesto

2 tortillas entiers de farine de blé

Temps de préparation: 5 minutes

Pas de cuisson

Préparation:

Mélanger le pesto et la mayonnaise. Divisez la dinde, les oignons, les concombres et la laitue entre les 2 tortillas. Verser dessus le pesto, tout envelopper et servir.

Valeur nutritive par portion: 267kcal, protéine 24g, lipides 9g (2g saturé), glucides 25g (fibre 2g, 3g sucre), sel 1,6 g, 34% de vitamine B3, 27% de vitamine B6.

5. Smoothie de baies

Quelle meilleure façon d'obtenir la moitié de la valeur d'une journée de calcium que ce repas à base de yaourt crémeux? Ajoutez quelques fibres et rendez-le encore plus nutritionnel, en sauvant la moitié des baies du mélangeur et les rajouter lorsque le smoothie est fait.

Ingrédients (2 portions):
450g baies surgelées
450g yaourt faible en gras
100 ml Lait faible en gras
25g flocons d'avoine
1 cuillère à café de miel (facultatif)

Temps de préparation: 10 min
Pas de cuisson

Préparation:
Mélanger les baies, le yaourt et le lait dans un robot culinaire jusqu'à consistance lisse. Puis ajouter et mélanger les flocons d'avoine et verser dans 2 verres. Servir avec un peu de miel.

Valeur nutritive par portion: 234kcal, protéine 16g, lipides 2g (2g saturé), glucides 36g (sucre 14g), 45% de calcium, 11% de magnésium, 18% de vitamine B2, 21% de vitamine B12.

6. Œufs pochés au saumon fumé et aux épinards

Un petit-déjeuner rassasiant, riche en protéines qui donnera à votre journée un démarrage très satisfaisant. Vous n'aurez aucun problème pour atteindre vos besoins quotidiens en vitamine A et votre cœur vous remerciera pour le montant copieux d'acides gras oméga-3.

Ingrédients (1 portion):

2 œufs

100g d'épinards, hachés

50g de saumon fumé

1 cuillère à soupe de vinaigre blanc

Un peu de beurre pour la diffusion

1 morceau de pain de blé entier, grillé

Temps de préparation: 5 min

Temps de cuisson: 20 min

Préparation:

Chauffer une poêle antiadhésive, ajouter les épinards et remuez pendant 2 min.

Pour pocher les œufs, mettre une casserole d'eau sur le feu, ajouter le vinaigre au point d'ébullition, puis baisser la chaleur pour que l'eau mijote. Incorporer l'eau jusqu'à ce que vous ayez un léger tourbillon puis faites glisser les œufs un par un. Cuire chacun pour environ 4 minutes puis retirez l'œuf avec une écumoire.

Beurrer le morceau de pain grillé puis mettre les épinards dessus, le saumon fumé et les œufs. Assaisonner si nécessaire et servir.

Valeur nutritive par portion: 349kcal, protéine 31g, lipides 19g (6g saturé), glucides 13g (fibre 4g, sucre 2g), sel 3,6 g, 23% de fer, 23% de magnésium, 197% de vitamine A, 46% de vitamine C, 21 % de vitamine D, 15% de vitamine B6, 18% de vitamine B12.

7. Omelette de Bacon et Brie avec Salade

Une omelette savoureuse pour ceux qui préfèrent commencer la journée avec un repas sain d'œufs et de protéines. Couper l'omelette en quartiers pour un look Frittata et savourer avec une salade au lieu de pain pour réduire les calories.

Ingrédients (2 portions):

3 œufs, légèrement battus

100g lardons fumés

50g brie, tranchés

Un petit bouquet de ciboulette, hachée

1 cuillère à soupe d'huile d'olive

½ cuillère à café de vinaigre de vin rouge

½ cuillère à café de moutarde de Dijon

½ concombre, coupé en deux et épépiné

100g de Radis, en quartiers

Temps de préparation: 5 min

Temps de cuisson 15 min

Préparation:

Chauffer 1 cuillère à café dans une petite casserole, ajouter les lardons et les faire frire jusqu'à ce qu'ils soient croustillants, puis sortez-les de la casserole et laisser égoutter sur du papier de cuisine.

Chauffer 1 cuillère à café d'huile dans une poêle antiadhésive à frire, puis mélanger les lardons, œufs et un peu de poivre moulu. Verser dans la poêle et faire cuire à feu doux jusqu'à ce qu'ils soient presque terminés, puis ajouter le Brie et griller sur le gril jusqu'à ce qu'ils soient pris et dorés.

Mélanger le reste d'huile d'olive, le vinaigre, l'assaisonnement et la moutarde dans un bol et mélanger les radis et le concombre. Servir avec l'omelette.

Valeur nutritive par portion: 395kcal, protéine 25g, lipides 31g (12g saturé), glucides 3g (fibre 2g, sucre 3g), sel 2,2 g, 10% de vitamine A, 13% de vitamine C, 15% de vitamine D, 13% de vitamine B12.

8. Smoothie de Fitness

Un smoothie végétalien sans produits laitiers avec du jus de grenade qui va vous dynamiser pour le travail ou pour maintenir votre séance d'entraînement. Vous pouvez ajouter une cuillère à soupe de graines de lin moulues pour un autre apport de 2g de fibres à faible coût et seulement 37kcal supplémentaires.

Ingrédients (1 portion):
125ml Lait de soja
150ml de jus de grenade
30g tofu
1 grosse banane, coupée en morceaux
1 cuillère à café de miel
1 cuillère à soupe d'amandes
2 cubes de glace

Temps de préparation: 5 min
Pas de cuisson

Préparation:
Mélanger le lait de soja et le jus de grenade avec 2 cubes de glace jusqu'à ce que la glace se casse.
Ajouter les bananes, le miel et le tofu et mélanger jusqu'à consistance lisse, puis versez le mélange dans un verre et saupoudrer avec les amandes effilées.

Valeur nutritive par portion: 366kcal, protéine 10g, lipides 12g (1g saturé), glucides 55g (fibre 4g, 50g de sucre), 13% de calcium, 11% de fer, 15% de magnésium, 14% de vitamine C, 25% de vitamine B6.

9. Thon sur pain grillé

Une recette très rapide, faible en calories qui offre une grande quantité de vitamines B12 protectrice des neurones. Si vous voulez un regain d'énergie, étaler la pâte sur un morceau de pain de blé entier à environ 120kcal par pièce et servir avec le poivron sur le côté.

Ingrédients (pour 4 portions):
2 boîtes de thon dans l'eau (185 g), la moitié drainé
3 œufs durs
1 oignon, haché finement
5 petits cornichons, coupés en dés
Sel poivre
4 poivrons, coupés en deux, avec les graines nettoyées

Temps de préparation: 5 min
Temps de cuisson: 10 min

Préparation:
Mélanger les œufs, thon, oignon, cornichons et l'assaisonnement dans un robot culinaire et mélanger jusqu'à consistance lisse.
Remplissez les moitiés de poivrons avec la composition et servir.

Valeur nutritive par portion: 240kcal, protéine 23g, lipides 8g (2g saturé), glucides 4g (fibre 1g, sucre 2g), 14%

de magnésium, 47% de vitamine A, 28% de vitamine B6, 142% de vitamine B12.

10. Crêpes de bananes et d'avoine

Profitez de cette version plus saine de crêpes qui remplace la farine avec des flocons d'avoine. La banane fait un substitut de sucre subtil, mais vous pouvez également étaler 1 cuillère à café de miel (23kcal par cuillère à café) si vous en avez envie.

Ingrédients (8 crêpes):
50g de flocons d'avoine
4 œufs, légèrement battus
2 bananes, coupées en morceaux
½ cuillère à café de cannelle
1 cuillère à café d'huile d'olive pour chaque crêpe

Temps de préparation: 5 min
Temps de cuisson: 30 min

Préparation:
Mélanger tous les ingrédients dans un robot culinaire. Chauffer une poêle à frire antiadhésive, ajouter une cuillère à café d'huile et verser ¼ tasse du mélange dans la casserole. Cuire de chaque cote jusqu'à ce que la crêpe devienne d'une couleur légèrement brune.

Valeur nutritive par crêpe: 135kcal, protéine 4g, lipides 13g (3G saturé), glucides 10g (fibre 1g, 3g de sucre).

11. Petit déjeuner Guacamole

Vous ne pouvez pas manquer un repas qui contient de l'avocat. Riches en lipides et fibres saines, avec une texture lisse et une saveur riche renforcée par un peu de jus de citron, ce petit-déjeuner guacamole vous dynamisera jusqu'au déjeuner.

Ingrédients (2 portions):

1 avocat mûr

1 grosse tomate, hachée grossièrement

1 oignon, haché finement

1 gousse d'ail écrasée

Jus d' ½ citron

Poivre noir moulu

2 tranches de pain de blé entier, grillé

Temps de préparation: 5 min

Pas de cuisson

Préparation:

Couper l'avocat en deux, la longueur, puis évider la pulpe avec une cuillère et le mettre dans un grand bol. Ecrasez-le avec une fourchette. Verser le jus de citron sur la pâte et ajouter la tomate hachée, l'oignon de printemps et l'ail. Assaisonner avec du sel et beaucoup de poivre noir. Bien mélanger, l'étaler sur un morceau de pain grillé et servir immédiatement.

Valeur nutritive par portion: 280kcal, protéines 9g, lipides 13g (2g saturé), glucides 30g (fibre 9g, sucre 5g), 10% de fer, 17% de magnésium, 14% de vitamine A, 29% de vitamine C, 17% de vitamine B6.

12. Petit-déjeuner de gâteaux aux œufs et légumes

Un petit-déjeuner inventif, facile à prendre, qui vous donne des œufs cuits mais pas frits, et vous épargne une quantité importante de lipides saturés. Les œufs vous rassasient tandis que les légumes ne sont pas seulement savoureux, mais aussi chargés de vitamine A et C.

Ingrédients (1 portion):
2 gros champignons de terrain
2 tomates moyennes, coupées en deux
100g d'épinards
2 œufs
1 gousse d'ail, émincée
1 cuillère à café d'huile d'olive

Temps de préparation: 5 min
Temps de cuisson: 30 min

Préparation:
Préchauffer le four à 200C / gaz 6. Mettez les tomates et les champignons dans un plat allant au four. Ajouter l'ail, arroser l'huile et l'assaisonnement, puis cuire au four pendant 10 min.
Mettez les épinards dans une grande casserole puis verser dessus une bouilloire d'eau bouillante pour les flétrir. Essorer l'excédent d'eau, puis ajouter les épinards au plat.

Faites un peu d'écart entre les légumes et casser les œufs dans le plat. Faites cuire pendant 10 min dans le four jusqu'à ce que les œufs soient cuits.

Valeur nutritive par portion: 254kcal, protéine 18g, lipides 16g (4g saturé), glucides 16g (fibre 6g, sucre 10g), 31% de fer, 17% de calcium, 29% de magnésium, 238% de vitamine A, 11% de vitamine D, 102 % de vitamine C, 18% de vitamine B1, 51% de vitamine B2, 20% de vitamine B3, 29% de vitamine B6, 22% de vitamine B12.

13. Yaourts aux fruits et noix

Une excellente alternative aux céréales, ce petit-déjeuner riche en glucides vous tiendra bien plein jusqu'au déjeuner et vous donnera l'énergie dont vous avez besoin pour commencer à vous attaquer à vos tâches. Le mélange de noix délivre une quantité importante de lipides sains, tandis que le yaourt vous donne la valeur d'un demi-jour de calcium.

Ingrédients (1 portion):
1 banane de taille moyenne, en tranches
100g de myrtilles (fraiches ou congelées et décongelées)
20g de noix
20g de noisettes
10g de raisins secs
200g de yaourt sans gras

Temps de préparation: 5 min
Pas de cuisson

Préparation:
Mélanger les fruits avec les noix, disposer en couches dans un bol avec du yaourt et servir.

Valeur nutritive par portion: 450kcal, protéine 13g, 25g de lipides (2g saturé), glucides 54g (fibre 9g, 32g de sucre), 44% de calcium, 16% de magnésium, 30% de vitamine C, 36% de vitamine B6.

DÉJEUNER

14. Soupe d'œufs brouillés au poulet et nouilles

Un plat rapide et facile à faire, parfait pour un repas de midi. Les nouilles contiennent assez d'énergie pour stimuler les glucides qui vous soutiendront toute la journée et la viande est chargée de vitamine B.

Ingrédients (2 portions):

1 poitrine de poulet sans peau désossée, coupée en dés

1 œuf battu

0.6l de soupe de poulet

1 oignon, haché finement

70g nouilles de blé entier

70g gelé maïs sucré, ou épis de maïs, coupé en deux en longueur

Jus de citron

¼ de cuillère à café de vinaigre de Xérès

Temps de préparation: 10 min

Temps de cuisson: 15 min

Préparation:

Placer le poulet et la soupe dans une grande casserole et porter à ébullition pendant 5 min. Les nouilles sont à cuire en suivant les instructions sur l'emballage.

Ajouter le maïs et faire bouillir pendant 2 min. Incorporer le bouillon et alors qu'il est encore bouillant, tenir une fourchette sur la casserole et versez les œufs sur les tiges dans un courant lent. Remuez à nouveau dans la même direction, puis enlever du feu. Ajouter le jus de citron et le vinaigre.

Égoutter les pâtes et les diviser entre 2 bols. Verser le bouillon, garnir avec les oignons hachés et servir.

Valeur nutritive par portion: 273kcal, protéine 26g, lipides 6g (1g saturé), glucides 30g (fibre 3g, sucre 2g), sel 1g, 96% de vitamine B3, 42% de vitamine B6.

15. Salade de poulet et de maïs

Un poulet au paprika épicé, servi avec du maïs sucré grillé et de la laitue fraiche fait une salade rapide et saine, avec de grandes quantités de vitamine B. La sauce à base d'ail complète un repas déjà savoureux.

Ingrédients (2 portions):

2 petites poitrines de poulet

1 épi de maïs

2 petites laitues, coupées en quartiers dans le sens de la longueur

½ concombre, coupé en dés

1 gousse d'ail écrasé

1 cuillère à soupe d'huile d'olive

1 cuillère à café de paprika

Jus d'un demi-citron

vinaigrette (2 portions):

1 gousse d'ail écrasée

75ml de lait caillé

1 cuillère à soupe de vinaigre de vin blanc

Temps de préparation: 20 min

Temps de cuisson: 20 min

Préparation:

Couper les poitrines de poulet en moitie dans la longueur de sorte que vous ayez 4 lanières de poulet. Mélanger le paprika, l'ail, 1 cuillère à café de jus de citron et d'huile, avec un peu de l'assaisonnement et laisser mariner le poulet pendant au moins 20 min.

Chauffer une poêle, ajouter le reste de l'huile et faire cuire le poulet pendant 3-4 min de chaque côté jusqu'à ce qu'il soit bien cuit. Badigeonner le reste d'huile et griller le mais pendant environ 5 min ou jusqu'à ce qu'il soit légèrement noirci. Assurez-vous de cuire uniformément. Retirer les épis de maïs et couper les noyaux.

Mélanger les ingrédients de la vinaigrette.

Mélanger le concombre et la laitue, mettre le poulet et le maïs sur le dessus et verser la vinaigrette.

Valeur nutritive par portion: 253kcal, protéine 29g, lipides 8g (1g saturé), glucides 14g (fibre 3g, sucre 6g), 20% de fer, 40% de magnésium, 96% de vitamine B3, 72% de vitamine B6.

16. Spaghetti au citron avec brocoli et thon

15 minutes est tout ce dont vous avez besoin pour attiser cette pâte au poisson piquante qui emballe un coup de poing d'énergie significative. Le mélange de spaghetti, de thon et légumes fait un plat nutritif tout azimut.

Ingrédients (2 portions):
180g de spaghetti de blé entier
100g thon à l'huile en boite, égoutté
125g de brocoli en fleurettes
40g olives vertes dénoyautées, morcelées
1 cuillère à soupe de câpres, égouttées
Jus et le zeste de ½ citron
1 cuillère à café d'huile d'olive, un peu plus pour arroser

Temps de préparation: 5 min
Temps de cuisson: 10 min

Préparation:
Faire bouillir les spaghettis selon les instructions sur l'emballage. Apres 6 min, ajoutez le brocoli et faire bouillir pendant 4 minutes ou plus jusqu'à ce que les deux soient tendres.
Mélanger les olives, les échalotes, les câpres, le thon, le zeste de citron et le jus de citron dans un grand bol.
Égoutter les pâtes et le brocoli, ajouter dans le bol, bien mélanger avec l'huile d'olive et le poivre noir et servir.

Valeur nutritive par portion: 440kcal, protéine 23g, lipides 11g (2g saturé), glucides 62g (fibre 5g, sucre 4g), sel 1,4 g, 12% de fer, 20% de magnésium, 25% de vitamine A, 50% de vitamine B3, 25 % de vitamine B6, 90% de vitamine B12.

17. Saumon au barbecue frotté de citron

Riche en lipides saines, en protéines et vitamines B, le saumon est un poisson qui mérite certainement une place sur votre plaque. Servir avec un simple mélange de tomate et salade verte pour savourer le bon goût de ce repas citronné.

Ingrédients (2 portions):

2 * filets de saumon désossées 150g

Jus et le zeste d'½ citron

10g d'estragon frais, haché finement

1 gousse d'ail, hachée finement

1 cuillère à soupe d'huile

Temps de préparation: 5 min

Temps de cuisson: 10 min

Préparation:

Incorporer le zeste de citron et le jus, l'ail, l'estragon et l'huile d'olive dans un plat, assaisonner avec le sel et le poivre, puis ajoutez les filets de saumon. Frotter le mélange sur le poisson, couvrir et laisser reposer pendant 10 min.

Chauffer le barbecue à feu haut, retirer les filets de saumon de la marinade, les mettre sur une feuille de cuisson et griller pendant 7-10 min. Servir lorsque le saumon est bien cuit.

Valeur nutritive par portion: 322kcal, protéine 31g, 22g de lipides (4g saturé), 1g de glucides, 12% de vitamine B2, 30% de vitamine B1, 60% de vitamine B3, 45% de vitamine B6, 79% de vitamine B12.

18. Soupe au riz et à la tomate

Un plat copieux, la soupe au riz et à la tomate est un excellent moyen de profiter des tomates fraîches et savoureuses disponibles en été. Vous pouvez également servir froid, pour un effet rafraîchissant.

Ingrédients (2 portions):

70g de riz brun

200g de tomates, hachées

1 cuillère à café de Purée de tomate

1 oignon, haché finement

1 petite carotte, finement hachée

½ branche de céleri, haché finement

½ l de bouillon de légumes fait avec 1 cube

1 cuillère à café de sucre caster doré

1 cuillère à café de vinaigre

Quelques feuilles de persil, hachées

Quelques gouttes de pesto, pour servir (facultatif)

Temps de préparation: 10 min

Temps de cuisson: 35 min

Préparation:

Chauffer l'huile dans une grande casserole, ajouter la carotte, le céleri et l'oignon et cuire à feu moyen jusqu'à tendreté. Ajouter le vinaigre et le sucre, faire cuire pendant 1 min, puis remuer en ajoutant la purée de

tomates. Ajouter les tomates, le bouillon de légumes et le riz brun, couvrir et laisser mijoter pendant 10 min.
Diviser en 2 bols et saupoudrer d'un peu de persil, puis assaisonner. Vous pouvez ajouter le pesto si vous voulez.

Valeur nutritive par portion: 213kcal, protéine 6g, lipides 3g (1g saturé), glucides 39g (fibre 4g, sucre 13g), sel 1,6 g, 16% de vitamine A, 22% de vitamine C.

19. Poulet fourré aux épinards et aux dattes

Riche en protéines, avec une quantité équilibrée de glucides et beaucoup de vitamines, ce repas sain couvre à peu près tout, des nutriments au goût. La farce de dattes et épinards ajoute une douceur bienvenue.

Ingrédients (2 portions):

2 poitrines de poulet désossées sans peau

100g d'épinards, hachés

1 petit oignon, haché finement

1 gousse d'ail, hachée finement

4 dates, hachées finement

1 cuillère à soupe de jus de grenade ou de miel

1 cuillère à café de cumin

1 cuillère à soupe d'huile d'olive

100g de haricots verts surgelés

Temps de préparation: 10 min

Temps de cuisson: 15 min.

Préparation:

Préchauffer le four à 200C / gaz 6. Faire chauffer l'huile dans une poêle antiadhésive, ajouter l'oignon, l'ail et une pincée de sel et cuire pendant 5 minutes avant d'ajouter les dattes, les épinards et la moitié du cumin. Cuire pour une autre 1-2 min.

Couper les poitrines de poulet en deux dans la longueur, et laisser une partie intacte de manière à pouvoir les ouvrir comme un livre. Farcir les filets de poulet et les mettre dans un plat allant au four, ajouter le reste du cumin et l'assaisonnement, saupoudrer avec le miel ou le jus de grenade et cuire au four pendant 20 min. Servir avec les petits pois surgelés, légèrement cuits à la vapeur.

Valeur nutritive par portion: 257kcal, protéine 36g, lipides 4g (1g saturé), glucides 21g (fibre 3G), 17% de fer, 23% de magnésium, 97% de vitamine A, 36% de vitamine C, 96% de vitamine B3, 49% de vitamine B6.

20. Chili de haricots et poivrons

Un repas de midi végétarien et sain avec une touche épicée, ce plat est un excellent moyen d'obtenir 1/2 à 1/3 de votre apport quotidien nécessaire en fibres. Vous pouvez servir sur une petite portion de riz brun cuit, avec environ 170kcal ajoutées à votre repas.

Ingrédients (2 portions):

170g Poivrons épépinés et tranchés

200g boite de haricots à la sauce chili

200g boite haricots noirs, égouttés

200g de tomates, hachées

1 petit oignon haché

1 cuillère à café de cumin

1 cuillère à café de poudre de chili

1 cuillère à café de paprika doux fumé

1 cuillère à café d'huile d'olive

Temps de préparation: 15 min

Temps de cuisson: 30 min

Préparation:

Chauffer l'huile dans une grande poêle, ajouter l'oignon et le poivre et cuire pendant 8-10 min jusqu'à ce qu'ils ramollissent. Ajouter les épices et faire cuire pendant 1 min.

Verser les haricots et les tomates, porter à ébullition et laisser mijoter pendant 15 min. Lorsque le chili a épaissi, assaisonner et servir.

Valeur nutritive par portion: 183kcal, protéine 11g, lipides 5g (1g saturé), glucides 26g (fibre 12g, sucre 12g), 16% de fer, 14% de magnésium, 16% de vitamine A, 22% de vitamine C, 14% de vitamine B1.

21. Bœuf à l'ail

Profitez d'un steak de bœuf vite fait qui est non seulement riche en protéines et faible en matières grasses et en glucides, mais aussi chargé avec de la vitamine B. Garnissez avec quelques tomates cerises pour un repas rafraîchissant et satisfaisant.

Ingrédients (2 portions):

300g jupe de bœuf bien taillée

3 gousses d'ail

2 cuillères à soupe de vinaigre de vin rouge

1 cuillère à café de poivre noir

200g de tomates cerise coupées en deux avec un peu de vinaigre

Temps de préparation: 10 min

Temps de cuisson: 15 min

Préparation:

Concasser les grains de poivre et l'ail avec une pincée de sel dans un mortier et un pilon jusqu'à ce que vous ayez une pâte légèrement lisse, puis ajouter le vinaigre. Posez la viande dans un plat, puis frottez la pâte partout. Laisser reposer au réfrigérateur pendant 2 heures.

Placer une poêle à griller sur un feu très chaud. Frottez la viande avec la marinade, ajouter du sel. Faire cuire la viande pendant environ 5 min jusqu'à ce qu'elle soit carbonisée de chaque côté (assurez-vous que la coupe n'est pas trop épaisse). Posez la viande sur une planche à découper, puis laisser reposer pendant 5 minutes avant de la découper en tranches. Servir avec des tomates cerise.

Valeur nutritive par portion: 223kcal, protéine 34g, lipides 6g, glucides 7g (fibre 1g, sucre 3G), 22% de fer, 16% de vitamine A, 22% de vitamine C, 27% de vitamine B2, 42% de vitamine B3, 30% de vitamine B6, 64% de vitamine B12.

22. Poisson grillé avec des tomates aux épices marocaines

Un repas à base de daurade fait une excellente source de protéines. La sauce nord-africaine avec ses épices aromatiques complimente son goût et il va aussi bien avec des sardines et loup de mer.

Ingrédients (2 portions):

2 * sans peau 140g de filets de daurade

3 grosses tomates

1 ½ gros poivron rouge, épépiné et coupé en deux

2 gousses d'ail écrasées

L'huile d'olive 20ml

1 cuillère à café de cumin

1 cuillère à café de paprika

1/8 cuillère à café de poivre noir

Une pincée de poivre de Cayenne

Petit bouquet de persil, haché grossièrement

Petit bouquet de coriandre, haché grossièrement

Temps de préparation: 30 min

Temps de cuisson: 15 min

Préparation:

Chauffer le barbecue à feu haut, placer les poivrons coté peau sur une plaque de cuisson et placer sous le gril jusqu'à ce qu'ils soient noirs et boursouflés. Mettre dans un bol couvert hermétiquement et laissez-les refroidir. Quand ils sont refroidis, enlever les peaux brûlées puis les couper en petits morceaux.

Peler les tomates, les couper en quartiers, épépiner et couper en dés.

Chauffer l'huile dans une grande poêle, ajouter l'ail, le poivre et les épices et cuire pendant 2 min. Ajouter les poivrons et les tomates et cuire à feu moyen jusqu'à ce que les tomates soient très molles. Écraser les tomates ramollies et poursuivre la cuisson jusqu'à ce que le liquide soit réduit à la sauce.

Chauffer le barbecue à feu haut, placer le poisson sur une plaque à pâtisserie recouverte de papier d'aluminium légèrement huilée. Assaisonner et griller pour 4-5 min jusqu'à cuisson. Répartissez la sauce entre les plaques. Placez le poisson sur le dessus et servir avec les herbes hachées.

Valeur nutritive par portion: 308kcal, protéine 25g, lipides 18g (2g saturé), glucides 16g (fibre 4g, 12 g de sucre), 23% de magnésium, 45% de vitamine A, 55% de vitamine C, 12% de vitamine B1, 12% de vitamine B2, 14% de vitamine B3, 34% de vitamine B6.

23. Crevettes au Curry

Il vous faut seulement 20 minutes pour faire ce délicieux plat de fruits de mer aromatisé au curry. La sauce aux cerises crémeuse et aromatique va très bien avec une portion de riz brun cuit et fait environ 175kcal par portion.

Ingrédients (2 portions):
200g de crevettes crues congelées
200g de tomates hachées
25g de crème de noix de coco en sachet
1 petit oignon haché
1 cuillère à café de pâte de cari thaïlandais rouge
½ cuillère à café de racine de gingembre frais
1 cuillère à café d'huile d'olive
Coriandre haché

Temps de préparation: 5 min
Temps de cuisson: 15 min

Préparation:
Chauffer l'huile dans une casserole. Ajouter l'oignon et le gingembre et cuire pendant quelques minutes jusqu'à ce qu'ils ramollissent. Ajouter la pâte de curry, remuer et laisser cuire pendant 1 min environ. Verser sur les tomates et la crème de noix de coco, porter à ébullition et laisser mijoter pendant 5 min, en ajoutant un peu d'eau bouillante si la concoction est trop épaisse.

Ajouter les crevettes et cuire pendant 5-10 min. Parsemer de coriandre hachée et servir.

Valeur nutritive par portion: 180kcal, protéine 20g, lipides 9g (4g saturé), glucides 6g (fibre 1g, sucre 5g), le sel 1g, 18% de fer, 10% de magnésium, 20% de vitamine A, 26% de vitamine C, 13% de vitamine B3, 25% de vitamine B12.

24. Poulet aux champignons

Un plat sain, cette casserole de poulet a une grande quantité de protéines qui va vous garder rassasié jusqu'au dîner. Les cuisses de poulet ajoutent de la saveur et du jus, tandis que les champignons donnent une belle sensation piquante à ce repas de midi faible en calories.

Ingrédients (2 portions):

250g cuisses de poulet désossées sans peau

125ml de bouillon de poulet

25g de petits pois surgelés

150g de champignons

25g cubetti di pancetta

1 grosse échalote, hachée

1 cuillère à soupe d'huile d'olive

1 cuillère à café de vinaigre de vin blanc

Farine, pour pulvériser

Petite poignée de persil, haché finement

Temps de préparation: 15 min

Temps de cuisson: 25 min

Préparation:

Chauffer 1 cuillère à café d'huile dans une casserole antiadhésive, assaisonnez et saupoudrez le poulet avec la farine. Brunir sur tous les côtés, puis retirez le poulet et faire revenir les lardons et les champignons jusqu'à tendreté.

Ajouter le reste de l'huile d'olive et faire cuire les échalotes pendant 5 min. Ajouter le bouillon, le vinaigre et faire cuire à petits bouillons pendant 1-2 min. Remettre le poulet, la pancetta et les champignons dans la poêle et faire cuire pendant 15 min. Ajouter les petits pois et le persil, faire cuire 2 minutes, puis servir.

Valeur nutritive par portion: 260kcal, protéine 32g, lipides 13g (3G saturé), glucides 4g (fibre 3g, 1 g de sucre), sel 1g, 21% de fer, 39% de vitamine D, 12% de vitamine B2, 34% de vitamine B3, 17% de vitamine B6.

25. Dinde Sautée

Riche en protéines, vite fait et savoureux, ce plat est parfait pour un déjeuner épicé. Sa teneur en glucides vous charge d'énergie de sorte qu'il peut aussi être un repas idéal de pré-entraînement.

Ingrédients (2 portions):

200g steaks de poitrine de dinde, coupés en lanières (enlever les lipides)

150g de nouilles de riz

170g de haricots verts, coupés en deux

1 gousse d'ail, en tranches

1 petit oignon rouge, tranché

½ piment rouge haché finement

Jus de ½ citron vert

½ cuillère à café d'huile d'olive

½ cuillère à café de poudre de chili

1 cuillère à café de Sauce de poisson

Menthe hachée grossièrement

Coriandre haché grossièrement

Temps de préparation: 10 min
Temps de cuisson: 15 min

Préparation:

Cuire les nouilles en suivant les instructions sur l'emballage. Chauffer l'huile dans une poêle antiadhésive et faire frire la dinde à feu vif pendant 2 min. Ajouter l'oignon, l'ail et les haricots et cuire encore 5 min. Verser le jus de citron, le piment frais, la poudre de chili et la sauce de poisson, remuer et laisser cuire pendant 3 min. Incorporer les nouilles, et les herbes selon votre goût et servir.

Valeur nutritive par portion: 425kcal, protéine 32g, lipides 3g (1g saturé), glucides 71g (fibre 4g, sucre 4g), 1 g de sel, 12% de fer, 10% de magnésium, 12% de vitamine A, 36% de vitamine C, 13 % de vitamine B1, 24% de vitamine B2.

26. Truite Piquante

Essayez cette recette facile et saine de truite pour un repas léger d'été. Une excellente source de vitamine B12, ce poisson blanc citronné peut être servi avec à côté de la salade verte saupoudrée de sel de mer et un peu de jus de citron pour une sensation piquante supplémentaire.

Ingrédients (2 portions):

2 filets de truite

15g de pignons de pin, grillés et hachés grossièrement

25g Chapelure

1 cuillère à café de beurre mou

1 cuillère à café d'huile d'olive

Jus et le zeste de ½ citron

1 petit bouquet de persil haché

Temps de préparation: 10 min

Temps de cuisson: 5 min

Préparation:

Chauffer le barbecue à intensité élevée. Disposez les filets, côté peau vers le bas sur une plaque huilée. Mélanger la chapelure, le zeste et le jus de citron, le beurre, le persil et la moitié des pignons de pin. Disperser la composition dans une couche mince sur les filets, arroser avec l'huile et placer sous le gril pendant 5 min. Saupoudrer le reste des pignons de pin par-dessus et servir avec du chou-fleur cuit à la vapeur ou des haricots verts.

Valeur nutritive par portion: 298kcal, protéine 30g, lipides 16g (4g saturé), glucides 10g (fibre 1g, sucre 1g), 11% de magnésium, 14% de vitamine B1, 41% de vitamine B3, 25% de vitamine B6, 150% de vitamine B12.

27. Ragoût piquant de Fruits de Mer

Offrez à vos sens ce mélange épicé de crevettes, des palourdes et poisson blanc qui délivre une quantité copieuse de protéines et couvre la plupart des vitamines B. Assurez-vous d'utiliser des fruits de mer afin de maximiser le goût savoureux de ce plat tout-en-un.

Ingrédients (2 portions):

100g de grosses crevettes crues épluchées

150g de palourdes

150g de filets de poisson blanc (coupés en morceaux de 3 cm)

250g de petites pommes de terre nouvelles, coupées en deux et bouillies

130g de tomates hachées

350ml de bouillon de poulet

1 petit oignon haché

2 gousses d'ail, hachées

1 piment séché ancho

Le jus de 1 citron vert

½ cuillère à café de paprika fumé à chaud

½ cuillère à café de cumin moulu

1 cuillère à café d'huile d'olive

Quartiers de citron pour servir (facultatif)

Temps de préparation: 15 min

Temps de cuisson: 30 min

Préparation:

Faire griller les piments dans une poêle bien chaude et sèche jusqu'à ce qu'ils gonflent un peu, puis retirez, épépiner et équeutez-les. Faire tremper dans l'eau bouillante pendant 15 min.

Chauffer l'huile d'olive dans une grande poêle, ajouter l'oignon, l'ail et assaisonner puis faire cuire jusqu'à tendreté. Ajouter le paprika, le chili, le cumin, les tomates et les bouillons et faire revenir pendant 5 min, puis réduire en purée au mélangeur jusqu'à une consistance lisse. Versez dans la casserole et porter à ébullition. Laissez mijoter pendant 10 min. Ajouter les crevettes, les filets de poisson, les palourdes et les pommes de terre, placer un couvercle sur le dessus de la casserole et laisser cuire pendant 5 min à feu moyen-élevé. Servir avec des quartiers de citrons si vous le souhaitez.

Valeur nutritive par portion: 347kcal, protéine 44g, lipides 6g (1 g saturé), glucides 28g (fibre 4g, sucre 7g), sel 1,1 g, 18% de magnésium, 12% de vitamine A, 40% de vitamine C, 16% de vitamine B1 , 10% de vitamine B2, 23% de vitamine B3, 26% de vitamine B6, 62% de vitamine B12.

DÎNER

28. Aubergines farcies

Un repas végétarien savoureux, avec un fromage croustillant recouvert de chapelure, qui est léger et parfait pour le dîner. Oubliez les poivrons farcis et essayez cette aubergine aromatisée à la place.

Ingrédients (2 portion):

1 aubergine

60g Mozzarella végétarien, déchiqueté en morceaux

1 petit oignon, haché finement

2 gousses d'ail, hachées finement

1 cuillère à soupe d'huile d'olive, un peu plus pour arroser

2 gousses d'ail, hachées finement

6 tomates cerise, coupées en deux

Une poignée de feuilles de basilic, hachées

Un peu de croutons frais de blé entier

Temps de préparation: 15 min

Temps de cuisson: 40 min

Préparation:

Préchauffer le four à 200C / gaz 7. Couper les aubergines en moitie dans le sens de la longueur (vous pouvez laisser la tige intacte ou la supprimer). Couper une bordure à l'intérieur de l'aubergine d'environ 1 cm d'épaisseur. En utilisant une cuillère à café, évider la chair de l'aubergine jusqu'à ce que vous n'ayez plus que 2 coques. Hacher la chair puis placez-la de côté. Badigeonner les coquilles avec un peu d'huile, assaisonner et les placer dans un plat allant au four. Couvrir avec un papier d'aluminium et cuire au four pendant 20 min.

Ajouter le reste d'huile dans une poêle antiadhésive. Ajouter l'oignon et cuire jusqu'à ce qu'il soit tendre, puis y versez la chair de l'aubergine hachée et faites bien cuire. Ajouter l'ail et les tomates et cuire pendant encore 3 min. Lorsque les coquilles d'aubergines sont tendres, les retirer du four, les farcir, saupoudrer un peu de chapelure et arroser avec un peu d'huile. Réduire la chaleur dans le four à 180 ° C / gaz 6. Cuire au four pendant 15-20 min, jusqu'à ce que le fromage soit fondu et la chapelure soit dorée. Servir avec une salade verte.

Valeur nutritive par portion: 266kcal, protéines 9g, 20g de lipides (6g saturé), glucides 14g (5g de fibres, sucre 7g), sel 1g, 15% de vitamine A, 19% de calcium.

29. Salade de Roquefort, Orange et Noix

Essayez cette salade salé et sucré aux noix hachées et fromage bleu émietté pour un souper léger. Cette recette, riche en lipides saines et en vitamine C, ne prend que 10 minutes à faire et est une excellente façon de terminer une journée chargée.

Ingrédients (2 portions):
* 1 sac de 100g sac de salade mixte (épinards, roquette et cresson)
1 grosse orange
40g de noix, hachées grossièrement
70g de roquefort, émietté
1 cuillère à café d'huile de noix

Temps de préparation: 10 min
Pas de cuisson

Préparation:
Videz le sac de salade dans un bol. Peler les oranges et coupez les segments de la chair sur un petit bol pour récupérer le jus. Fouetter l'huile de noix dans le jus d'orange puis verser sur les feuilles de salade. Mélanger la salade, répartissez les quartiers d'orange, le roquefort et les noix et servir.

Valeur nutritive par portion: 356kcal, protéine 14g, lipides de 30g (10g saturé), glucides 8g (fibre de 3g, 8g de sucre), 19% de calcium, 10% magnésium, 20% de la vitamine A, 103% de vitamine C, 10% de vitamine B1.

30. Riz mexicain et salade de haricots

Un repas léger épicé aux saveurs d'Amérique latine, le riz mexicain et la salade de haricots est emballé avec des légumes et fait un souper consistant. Ruser un peu et utiliser une boîte de haricots mixtes pour un plat plus coloré.

Ingrédients (2 portions):

90g de riz brun

200g salade de haricots noirs en boite, égouttés

½ avocat bien mûr, haché

2 oignons, hachés

½ poivron rouge, épépiné et haché

Jus de ½ citron vert

1 cuillère à café de mélange d'épices cajun

Petit bouquet de coriandre, haché

Temps de préparation: 15 min

Temps de cuisson: 20 min

Préparation:

Cuire le riz en suivant les instructions sur l'emballage. Égoutter puis refroidir sous l'eau courante jusqu'à ce qu'il soit froid. Incorporer les haricots, le poivron, les oignons et l'avocat.

Mélanger le jus de citron avec du poivre noir et les épices cajuns puis verser sur le riz. Ajouter la coriandre et servir.

Valeur nutritive par portion: 326kcal, protéine 11g, 10g de lipides (2g saturé), glucides 44g (6g de fibres, 4g de sucre), 10% de fer, 15% de magnésium, 11% de vitamine B1, 13% de vitamine B6.

31. Curry de pois chiches et épinards

Préparez ce repas pour une belle soirée à la maison. Riche en vitamine A et en protéines, ce plat de légumes peut être servi avec un peu de Naan. Cependant, faites attention aux calories supplémentaires car un morceau de pain naan contient environ 140kcal.

Ingrédients (2 portions):

1 * boite de 400g de pois chiches, égouttés

200g de tomates cerise

130g feuilles d'épinards

1 cuillère à soupe de pâte de curry

1 petit oignon haché

Jus de citron

Temps de préparation: 5 min

Temps de cuisson: 15 min

Préparation:

Chauffer la pâte de curry dans une poêle antiadhésive. Quand elle commence à diviser, ajouter l'oignon et faire cuire pendant 2 minutes jusqu'à ce qu'il ramollisse. Versez les tomates et faire bouillir à feu doux jusqu'à ce que la sauce ait réduit.

Ajouter les pois chiches et un peu d'assaisonnement et laisser cuire pendant une minute supplémentaire. Retirez du feu, puis versez-y les épinards (la chaleur du poêle va flétrir les feuilles). Assaisonner, ajouter le jus de citron et servir.

Valeur nutritive par portion: 203kcal, protéines 9g, lipides 4g, glucides 28g (fibre 6g, sucre 5g), sel 1,5 g, 25% de fer, 29% de magnésium, 129% de vitamine A, 61% de vitamine C, 58% de vitamine B6.

32. Bouillon Thaïlandais de Légumes et de lait de coco

Une portion de nouilles aux œufs surmontées d'un bouillon de légumes délicieux vous donne un goût Thaï délicieux et rapide. Si vous préférez un bouillon épais, utiliser moins de bouillon de légumes, selon les goûts.

Ingrédients (2 portions):
200ml de lait de coco semi-gras en boite
500ml de bouillon de légumes
90g nouilles aux œufs
1 carotte, la couper en allumettes
¼ tête feuilles vertes chinoises, tranchées
75g Pousses de soja
3 tomates cerise, coupées en deux
2 petits oignons, coupés en deux dans la longueur et en tranches
½ citron vert sous forme de jus
1 ½ cuillère à café de pâte de cari thaïlandais rouge
1 cuillère à café de sucre brun
1 cuillère à café d'huile d'olive
1 poignée de coriandre, hachée grossièrement

Temps de préparation: 15 min
Temps de cuisson 10 min

Préparation:

Chauffer l'huile dans un wok puis ajouter la pâte de curry et faire revenir pendant 1 min jusqu'à ce que ce soit bien parfumé. Ajouter le lait de bouillon de légumes, le sucre brun et la noix de coco et laisser mijoter pendant 3 minutes.

Verser les nouilles, les carottes et les feuilles chinoises et laisser mijoter jusqu'à tendreté. Ajouter les pousses de soja et les tomates, le jus de citron au goût et un peu d'assaisonnement supplémentaire. Verser dans des bols et parsemer de coriandre et d'oignons.

Valeur nutritive: 338kcal, protéine 10g, 14g de lipides (7g saturé), glucides 46g (fibres 5g, 12g sucre), 1,2 g de sel, 14% de fer, 16% de magnésium, 10% de vitamine B3.

33. Courgettes farcies

Un souper végétarien sain, léger sur l'estomac et un plaisir à faire cuire. Les courgettes sont aromatisées par un mélange de noix de pin, tomates séchées et un bon parmesan. Vous pouvez mouiller les courgettes avec un peu de pesto au lieu de l'huile d'olive, avant de les placer dans le four.

Ingrédients (2 portions):
2 courgettes, coupées en deux dans le sens de la longueur
2 cuillères à café d'huile d'olive
Salade, pour servir

Farce:
25g de pignons de pin
3 oignons, finement tranchés
1 gousse d'ail écrasée
3 tomates séchées dans l'huile, égouttées
12g de parmesan finement râpé
25g de chapelure séchée blanche
1 cuillère à café de feuilles de thym

Temps de préparation: 10 min
Temps de cuisson: 35 min

Préparation:

Préchauffer le four à 200C / gaz 7. Placer les courgettes dans un plat allant au four, côté coupé vers le haut. Badigeonner légèrement d'1 cuillère à café d'huile et cuire au four pendant 20 min.

Mélanger tous les ingrédients de la farce dans un bol et assaisonnez avec du poivre noir, saupoudrez le mélange sur le dessus des courgettes et arroser avec l'huile d'olive restante. Cuire au four pendant 10-15 minutes de plus, jusqu'à ce que les courgettes soient tendres et que la garniture soit croustillante. Servir chaud avec une salade mixte.

Valeur nutritive par portion: 244kcal, protéine 10g, 17g de lipides (3 saturé), glucides 14g (fibre 3g, 5g de sucre), 56% de vitamine C, 16% de vitamine B2, 21% de vitamine B6.

34. Salade de fruits

Une salade de fruits emballée de vitamine C sucrée avec du miel et prête à servir en 10 min. Faire chanter cette salade de fruits simple en ajoutant une pincée de menthe fraîchement coupée.

Ingrédients (1 portion):

1 pamplemousse, épluchée et chair découpée
2 abricots, tranchés
2 oranges, pelées et moelle découpées
1 cuillère à café de miel clair

Temps de préparation 5 min
Pas de cuisson

Préparation:

Mettez les abricots dans un grand bol. Découper les oranges et les pamplemousses dans le bol pour en avoir. Incorporer le miel et servir.

Valeur nutritive par portion: 166kcal, la protéine 4g, glucides 36g (fibre 8g, sucre 28g), 46% de vitamine A, 184% de vitamine C, 13% de vitamine B1.

35. Champignons farcis

Offrez-vous un repas sain, épicé avec un côté de salade fraiche et croquante. Doubler la portion pour plus de fibres et de protéines, ou coupler avec une tranche moyenne de baguette à environ 150kcal par pièce.

Ingrédients (2 portions):

8 gros champignons plats

2 gousses d'ail écrasées

2 cuillères à soupe d'huile d'olive

2 cuillères à soupe de sauce Worcestershire

2 cuillères à soupe de moutarde à l'ancienne

1 cuillère à café de paprika

140g sac de feuilles de salade mélangé de cresson et de bette rouge

Temps de préparation: 10 min

Temps de cuisson: 15 min

Préparation:

Chauffer le four à 180 ° C / gaz 6. Mélanger la moutarde, l'huile, l'ail et la sauce Worcestershire dans un grand bol, puis assaisonner avec du poivre noir fraîchement moulu et le sel. Ajouter les champignons au mélange et bien mélanger pour les enrober uniformément. Placez-les coté tige vers le haut dans un plat allant au four, les saupoudrer avec le paprika et cuire pendant 8-10 min.

Répartir les feuilles de salade entre deux assiettes de service avec 4 champignons sur chaque plaque. Verser dessus les jus de fruits et servir immédiatement.

Valeur nutritive par portion: 102kcal, protéine 8g, lipides 14g (2g saturé), glucides 8g (fibre 4g), sel 1g, 20% de vitamine B2, 16% de vitamine B3.

36. truite fumée à la betterave, de fenouil et pommes

Un poisson fumé à chaud délicat complété par une pomme croquante et de la betterave colorée, fait pour une salade exotique avec une combinaison de saveurs magnifique. La truite est une source idéale de protéines de haute qualité et de vitamines B12.

Ingrédients (2 portions):

140g Filet de truite fumée sans peau

100g bébé betteraves au vinaigre, drainées et morcelées

4 oignons, tranchés

1 pomme à peau verte, épépinée, en quartiers et tranchée

½ petite bulbe de fenouil, parée et émincée

1 Petit bouquet feuilles d'aneth, haché finement

2 cuillères à soupe de yaourt faible en gras

1 cuillère à café de Sauce au raifort

Temps de préparation: 10 min

Pas de cuisson

Préparation:

Placez le fenouil dans un plat de service et répartissez les betteraves, oignons et pommes. Couper la truite en gros morceaux et mettre sur le dessus. Saupoudrer la moitié de l'aneth.

Mélanger le yaourt et le raifort avec 1 cuillère à soupe d'eau froide, puis ajouter le reste de l'aneth et mélanger. Verser la moitié de la vinaigrette sur la salade et mélanger délicatement, puis verser la vinaigrette sur le reste et servir.

Valeur nutritive par portion: 183kcal, protéine 19g, lipides 5g (1g saturé), glucides 16g (fibre 5g, sucre 16g), sel 1,6 g, 12% de fer, 11% de vitamine A, 20% de vitamine C, 20% de vitamine B1, 17% de vitamine B2, 20% de vitamine, 100% de vitamine B12.

37. carottes rôties à la grenade et au fromage de chèvre

Un repas entier et complet en termes de nutriments, cette combinaison de légumes sucrés et de jus aigre est une option de dîner saine et intéressante. Assurez-vous de garder les graines de grenade séparées et ajoutez-les juste avant de servir si vous projetez d'en faire une grosse quantité.

Ingrédients (2 portions):

375g de carottes
40g de graines de grenade
50g de fromage de chèvre, émietté
200g de pois chiches, égouttés
Zeste et jus de ½ d'orange râpé
1 cuillère à soupe d'huile d'olive
1 cuillère à café de graines de cumin
Petite poignée de menthe hachée

Temps de préparation: 10 min
Temps de cuisson: 50 min

Préparation:

Préchauffer le four à 170C / gaz 5. Mettez les carottes dans un bol et mélanger avec la moitié de l'huile d'olive, les graines de cumin et le zeste d'orange et le sel. Répartir les carottes sur une grande plaque à pâtisserie et cuire pendant 50 mns jusqu'à ce qu'ils deviennent tendres et attrapent un peu de couleur sur les bords.

Incorporer les pois chiches dans les carottes rôties, puis versez dans un plat de service. Arroser avec le reste d'huile et le jus d'orange. Ajouter le fromage de chèvre émietté, disperser les graines de grenade et les herbes et servir.

Valeur nutritive par portion: 285kcal, 12 g de protéines, 15g de lipides (6g saturé), glucides 30g (fibre 6g, sucre 16g), 15% de calcium, 12% de fer, 14% de magnésium, 610% de vitamine A, 28% de vitamine C, 12% de vitamine B1, 18% de vitamine B2, 11% de vitamine B3, 37% de vitamine B6.

38. Soupe de lentilles, carotte et orange

Une soupe intéressante à base de jus d'orange qui fera plus que couvrir votre apport quotidien nécessaire en vitamine C. Saine, avec des saveurs qui fonctionnent bien ensemble, cette recette est un délice épicé. Vous pouvez l'alléger avec un peu d'eau si vous la trouvez trop épaisse.

Ingrédients (2 portions):

75g de lentilles rouges

225g de carottes, en dés

300 ml de jus d'orange

1 oignon, haché

600ml de bouillon de légumes

2 cuillères à soupe de yaourt faible en gras

1 cuillère à café de graines de cumin

2 cuillères à café de graines de coriandre

Coriandre fraîche hachée pour garnir

Temps de préparation: 15min

Temps de cuisson: 35 min

Préparation:

Écraser les graines dans un mortier et un pilon, puis séchez-les en les faisant frire pendant 2 min, jusqu'à ce qu'elles soient légèrement dorées. Ajouter les lentilles, les carottes, l'oignon, le jus d'orange, le bouillon et l'assaisonnement et amenez à ébullition. Couvrir et laisser mijoter pendant 30 min jusqu'à ce que les lentilles soient tendres.

Transférer le mélange dans un robot culinaire et mélanger jusqu'à consistance lisse. Retour à la casserole, faites réchauffer à feu moyen en remuant de temps en temps. Assaisonner selon votre goût, puis verser dans des bols, verser le yaourt en ruban, saupoudrer avec les feuilles de coriandre et servir de suite.

Valeur nutritive par portion: 184kcal, protéine 8g, lipides 2g, glucides 34g (fibre 4g), sel 1g, 340% de vitamine A, 134% de vitamine C, 16% de vitamine B1, 11% de vitamine B3, 13% de vitamine B6.

39. Curry rouge de légumes

Il pourrait prendre près d'une heure à préparer, mais ce plat thaï parfumé mettra surement vos papilles en action. Riche en nutriments, ce curry de légumes crémeux a l'étoffe d'un plat autonome, mais il peut aussi être servi avec à côté du riz brun cuit à environ 175 kcal supplémentaires.

Ingrédients (2 portions):
70g de champignons, cassés
70g de pois mange-tout sucrés
½ courgette, coupée en morceaux
½ aubergine, coupée en morceaux
Tofu ferme 100g, coupé en cubes
Boite de 200ml de lait de coco réduit en matières grasses
1 piment rouge (½ finement haché, ½ coupé en rondelles)
¼ de poivron rouge, épépiné et coupé en fentes
2 cuillères à soupe sauce de soja
Jus de 1 citron vert
1 cuillère à soupe d'huile d'olive
10g de feuilles de basilic
½ cuillère à café de sucre brun

La Pate:
3 échalotes, hachées grossièrement
2 petits piments rouges
½ citronnelle, hachée grossièrement

1 gousse d'ail

Tiges d'un paquet de coriandre de 10g

½ poivron rouge, épépiné et haché grossièrement

Zeste ½ citron vert

¼ de cuillère à café de gingembre râpé

½ cuillère à café de coriandre moulue

½ cuillère à café de poivre fraîchement moulu

Temps de préparation: 30 min

Temps de cuisson: 20 min.

Préparation:

Faire mariner le tofu dans la moitié du jus de citron, 1 cuillère à soupe de sauce de soja et le piment haché.

Placez les ingrédients de la pâte dans un robot culinaire.

Chauffer la moitié de l'huile dans une poêle, ajouter 2 cuillères à soupe de pâte et les faire frire pendant 2 min.

Incorporer le lait de coco avec 50 ml d'eau, l'aubergine, la courgette et le poivron. Cuire jusqu'à ce que presque tendre.

Égoutter le tofu, séchez puis les faire frire dans l'huile restante dans une petite casserole jusqu'à ce que ce soit doré.

Ajouter le champignon, les mange-tout, et la plupart du basilic, puis assaisonner avec le sucre, le reste du jus de citron et la sauce de soja. Cuire jusqu'à ce que les champignons soient tendres, puis ajouter le tofu et faire chauffer. Saupoudrer avec le basilic, saupoudrer de piment, et servir en tranches.

Valeur nutritive par portion: 233kcal, protéine 8g, lipides 18g (10g saturé), glucides 11g (fibre 3g, sucre 7g), sel 3G, 13% de calcium, 12% de fer, 14% de magnésium, 11% de vitamine A, 65% de vitamine C, 15% de vitamine B1, 21% de vitamine B2, 12% de vitamine B3, 22% de vitamine B6.

40. Pilaf de champignons au citron

Ce pilaf de champignons faible en gras est votre billet pour une alternative plus légère au risotto. Ajoutez à cela une poignée de petits pois pour un plat plus coloré, et sentez-vous libre de remplacer la ciboulette avec des oignons de printemps, si vous le souhaitez.

Ingrédients (2 portions):

100g de riz brun

150g de champignons tranchés

250ml de bouillon de légumes

1 petit oignon, tranché

1 gousse d'ail écrasée

3 cuillères à soupe de Fromage à pâte molle allégé à l'ail et aux herbes

Zeste et jus de ½ citron

Petit bouquet de ciboulette, ciselé

Temps de préparation: 10 min

Temps de cuisson: 30 min

Préparation:

Placer l'oignon dans une poêle antiadhésive, ajouter quelques cuillères à soupe de bouillon et cuire pendant environ 5 min jusqu'à ce qu'il ramollisse. Ajouter l'ail et les champignons et cuire pendant 2 minutes de plus. Bien mélanger, ajouter le riz et le zeste de citron et le jus.

Verser le bouillon de légumes restant et l'assaisonnement et porter à ébullition. Baissez le feu, couvrez la casserole et laisser mijoter pendant 30 min jusqu'à ce que le riz soit tendre. Incorporer la moitié de chacun de la ciboulette et du fromage à pâte molle. Diviser entre 2 assiettes et servir garni du fromage ramolli et de la ciboulette restante.

Valeur nutritive par portion: 249kcal, protéine 12g, lipides 4g (2g saturé), glucides 44g, fibre 2g, 4g de sucre), 11% de vitamine A, 23% de vitamine B2.

CHAPITRE 3: COMMENT LES ATHLÈTES PEUVENT-ILS BÉNEFICIER DE LA MÉDITATION

La méditation peut être utilisée par les athlètes pour des raisons différentes: le stress, l'anxiété, la concentration, les nerfs, etc. Les athlètes peuvent bénéficier de la méditation en constatant un rythme plus rapide de la reprise qui est fondamental quand ils veulent passer à un niveau supérieur de performance. Des sessions de formation seront plus intenses et de meilleure qualité en raison de l'amélioration du niveau de concentration et en raison de la réduction de la fatigue dans leurs muscles. La plupart des athlètes verront une réduction de la nervosité avant et pendant la compétition qui les aidera à mieux concurrencer et avec plus de confiance.

Une fois que vous commencez à pratiquer sur une base régulière, vous verrez que vous aurez augmenté la capacité de vous concentrer et de faire le focus, quand vient le temps de travailler sous pression et dans des conditions inattendues. Cette augmentation de la capacité de se concentrer vous amène à un niveau encore plus élevé de performance.

Les athlètes ayant un risque de maladie cardiaque peuvent grandement bénéficier de la méditation. Les médecins prescrivent désormais plus de méditation et moins de médicaments ce qui est de bon sens pour les uns, et un changement de vie pour les autres. Réduire simplement la quantité de stress à laquelle un athlète est exposé sur une base quotidienne, permet de réduire les niveaux de pression artérielle et d'améliorer la compétitivité en étant capable de faire plus d'entraînement. Certains athlètes ont découvert que la méditation peut souvent aider à contrôler le stress alimentaire dont on ne parle pas souvent, mais c'est un facteur important qui empêche les gens d'atteindre leur rendement maximal. Les athlètes trouvent souvent qu'ils sont plus en contrôle de leur vie après avoir souvent répété des séances de méditation, ce qui réduit le stress et par conséquent réduit le risque de maladie cardiaque. La perte de poids est un problème commun à cause du manque de bonne planification et du fait de ne pas suivre de régimes en raison du manque de discipline ou de mauvaises habitudes. LA MEDITATION PEUT REELLEMENT AIDER À PERDRE DU POIDS lorsque la suralimentation est due au stress.

Les athlètes qui tentent de briser les mauvaises habitudes vont trouver difficile de changer leurs vieilles habitudes et de commencer sur une nouvelle voie. Fumer, boire de l'alcool, la nervosité, se mettre en colère, et d'autres habitudes négatives peuvent être contrôlées par la méditation, car elle peut diminuer les fringales. Ralentir les choses et en utilisant des techniques de respiration pour se concentrer à surmonter les mauvaises habitudes lors de la méditation peut être une technique puissante qui semble moins évidente, mais plus pertinente lorsque les mauvaises habitudes ont été développées à cause du stress et de la colère.

Les athlètes qui souffrent de dépression ou d'anxiété souffrent aussi de stress car c'est un contributeur majeur vers les deux premiers. Des états de santé négatifs peuvent être considérablement améliorés grâce à la pratique de la méditation sur une base régulière. Lorsque vous pratiquez la méditation, vous remarquerez qu'il vous est plus facile d'avoir plus de contrôle sur votre humeur et vous aurez une vision plus positive de l'avenir en général. Beaucoup d'athlètes se soucient trop des résultats, ou des résultats négatifs passés, qui sont sans rapport avec le présent, si vous prenez le temps de maximiser votre potentiel présent à travers l'amélioration de la nutrition et de la méditation. Si votre objectif est de mieux contrôler vos pensées et vos émotions, vous verrez que la méditation va vous calmer et vous permettre de ne pas vous sentir dépassé dans des situations pénibles.

CHAPITRE 4: LES MEILLEURS TYPES DE MÉDITATION POUR LE BASKETBALL

La pleine conscience

Au cours de la pleine conscience, les athlètes devraient essayer de rester dans le présent pour chaque pensée qui va actuellement entrer dans leur esprit.

Ce type de méditation vous apprend à prendre conscience de vos habitudes de respiration, mais ne cherche pas à les changer en aucune façon par des pratiques de respiration. Ceci est une forme plus passive de la méditation par rapport à d'autres formes plus Actives de la méditation qui va vous obliger à modifier vos habitudes de respiration. La pleine conscience est l'un des types les plus communs de la méditation dans le monde et l'un dont tous les athlètes peuvent bénéficier.

La méditation ciblée

Les sportifs utilisant la méditation dirigent leurs pensées vers un problème spécifique, une émotion, ou un objet sur lequel ils veulent se concentrer et y trouver une solution.

Commencez par vider votre esprit de toutes les distractions et puis prenez un peu de temps pour vous concentrer sur un seul son, objet, ou pensée. Essayez de vous concentrer aussi longtemps que possible dans cet état d'esprit dans lequel vous pourrez ensuite rediriger votre concentration sur un objectif que vous voulez atteindre.

Ce sera votre choix si vous voulez passer à travailler sur toute autre pensée objective ou vous pouvez également simplement maintenir cette orientation initiale sur un son, un objet ou une pensé que vous aviez dès le début.

Méditation du Mouvement

La méditation du mouvement est une autre forme de méditation que vous devriez aussi essayer. Ceci est un type de méditation où vous vous concentrez sur vos habitudes de respiration, déplaçant l'air en dedans et en dehors de vos poumons, tout en faisant des modèles de mouvement fluide (avec vos mains) que vous répétez. Vous pourriez vous sentir mal à l'aise au début en vous déplaçant les yeux fermés mais avec le temps, vous remarquerez que c'est en fait très relaxant et cela vous aidera à améliorer votre santé globale.

Une connexion corps et esprit sera optimisée dans ce type de méditation, en particulier pour les personnes qui ont du mal à rester immobile et préfèrent se déplacer dans un mouvement fluide naturel. Ces mouvements doivent être lents et répétitifs. Le plus contrôlés ils sont, le mieux ce sera. Faire des mouvements rapides ou violents annulera le bénéfice de la méditation.

Les gens qui pratiquent le yoga trouvent souvent cette forme de méditation idéale car c'est un bon complément et semblable à la respiration de yoga et aux exercices de mouvement. Améliorez à la fois le contrôle sur vous-même et sur vos pensées. Pour les personnes qui n'ont jamais fait de yoga et ont déjà fait des mouvements de méditation, vous trouverez que l'échauffement avec quelques exercices basés sur le yoga peut souvent vous aider à glisser dans un mouvement de méditation plus rapidement. L'objectif est d'entrer dans un état méditatif plus vite et le yoga va certainement vous permettre de faire cela d'une manière naturelle. Bien que le yoga se concentre d'avantage sur l'amélioration de la flexibilité et le développement de la force musculaire, la méditation du mouvement est dirigée plus vers un état mental et des modes de respiration lente.

La méditation Mantra

La méditation Mantra va vous aider à mieux vous concentrer sur vos pensées et à avoir un esprit clair pour maximiser l'effet de méditer.

Pendant la méditation mantra vous citerez des mantras encore et encore, pendant que vous suivez votre processus méditatif.

Un mantra pourrait être un son, une phrase, ou une prière qui est chantée à plusieurs reprises.

Nous ne mettrons pas l'accent sur la méditation spirituelle, mais ceci est un autre type de méditation en plus de la méditation ciblée, la pleine conscience, la méditation mantra, et la méditation du mouvement.

Chacune est différente ce qui signifie que vous ne devez pas utiliser un seul type de méditation pour atteindre vos objectifs. Vous pouvez utiliser une ou plusieurs formes de méditation et dans un ordre différent.

CHAPITRE 5: COMMENT SE PRÉPARER A MÉDITER

Une fois que vous savez quel type de méditation, vous allez faire, vous devez savoir comment vous préparer à méditer. Veillez à ne pas vous précipiter à travers votre processus de méditation car cela va certainement réduire les effets globaux et diminuer les résultats possibles.

ÉQUIPEMENT: **Placez un tapis, une couverture, une serviette ou une chaise là où vous prévoyez de méditer.** Certaines personnes préfèrent utiliser une serviette (qui est super quand vous êtes en déplacement ou hors de la ville), ou une natte pour s'asseoir ou se mettre dessus à plat sur le dos. D'autres préfèrent s'asseoir sur une chaise pour avoir une position stable qui vous aidera à ne pas vous endormir si vous vous sentez trop détendu.

Je préfère m'asseoir sur un tapis de yoga car je sens que c'est une position qui me permet de me concentrer et me détendre. Parfois, je me réchauffe avec le yoga ou un étirement statique, donc je vais déjà avoir ma natte prête mais quand je voyage, il me suffit d'utiliser une serviette épaisse.

Être à l'aise est très important pour arriver dans le bon état d'esprit alors assurez-vous d'utiliser le bon équipement pour commencer.

HEURE: Décidez de combien de temps vous allez méditer à l'avance.

Assurez-vous de déterminer à l'avance pour combien de temps vous prévoyez de méditer et dans quel but. Pour quelque chose de simple comme se concentrer à être positif et se concentrer sur la respiration, vous pourriez avoir l'intention de faire une courte séance d'environ 5 à 15 minutes. Alors que si vous prévoyez de vous concentrer sur un problème et que vous voulez essayer d'y trouver une solution, vous pourriez vouloir planifier de vous donner assez de temps pour vous détendre d'abord grâce à des modes de respiration et puis commencer à vous concentrer sur des solutions alternatives au problème posé en ce moment. Cela peut durer de 10 minutes à une heure ou plus en fonction de votre niveau d'expérience à méditer ou cela peut aussi dépendre de combien de temps il vous faut pour arriver dans un état d'esprit détendu qui vous permettra de vous concentrer assez bien pour faire face au problème.

Planifiez combien de temps il vous faut de sorte que vous pouvez vous préparer à l'avance pour rester au même endroit jusqu'à ce que vous ayez terminé sans interruptions telles que: la faim, les enfants entrent dans la salle, pauses salle de bains, etc. Prenez soin de ces distractions possibles à l'avance.

LIEU: Trouvez un espace propre, calme et confortable pour méditer

Trouvez un endroit où vous pouvez vous détendre totalement et clarifier votre esprit sans interruption. Cela peut être n'importe quel endroit où vous vous sentez à l'aise et où vous pouvez atteindre cet état d'esprit détendu. Cela pourrait être sur l'herbe dans un parc, à la maison dans votre chambre, dans votre salle de bain, dans une chambre vide d'un quartier calme, ou par vous-même dans votre voiture. Ceci vous revient entièrement. Assurez-vous que vous ne choisissez pas un endroit où vous pouvez avoir un travail proche de vous ou un téléphone cellulaire qui continue de sonner ou de vibrer. ETEIGNEZ VOTRE TELEPHONE CELLULAIRE ! Il est impossible d'obtenir les résultats que vous voulez de la méditation en ayant des distractions constantes et de nos jours, les téléphones cellulaires sont la principale source de distraction et d'interruptions.

L'emplacement que vous choisissez doit avoir ces choses en commun: il devrait être calme, propre, et doit être à une température ambiante fraîche (trop chaud va vous endormir et trop froid vous donnera envie de vous lever et de vous déplacer), il devrait être clair de distractions.

PRÉPARATION: Préparez votre corps à méditer

Avant de méditer assurez-vous que vous faites tout ce que vous devez faire pour que votre corps soit détendu et prêt. Cela pourrait être en prenant une douche, en faisant des étirements, en mettant des vêtements confortables, etc.

Assurez-vous que vous mangez au moins 30 minutes avant de commencer afin que vous n'ayez pas faim ou que vous vous sentiez trop plein. Un repas maigre serait idéal pour vous aider à bien vous préparer à l'avance. Je vais aller plus en profondeur sur l'importance de la nutrition dans un des chapitres suivants.

L'ECHAUFFEMENT : faire du yoga ou s'étirer l'avance pour commencer à se détendre.

Pour certains d'entre vous qui ont déjà fait du yoga dans le passé, vous savez combien cela peut être relaxant. Ceux d'entre vous qui n'ont pas commencé à faire du yoga, ce serait un bon moment pour commencer car cela va vous aider à mieux vous détendre et vous calmer. Il n'est pas nécessaire de faire du yoga avant de méditer, mais cela aide pour maximiser les effets et accélérer le processus de détente et vous mettre dans le bon état d'esprit. Le stretching est une autre bonne alternative car l'étirement combiné avec quelques exercices de respiration vous aidera à vous calmer et vous sentir plus à l'aise.

MENTALEMENT: Faites un peu de respiration profonde pour commencer à vous calmer

La respiration est facile, mais la pratique de la respiration prend plus de temps. Les avantages de la pratique des techniques de respiration sont nombreux.

La plupart des athlètes se retrouveront à récupérer plus rapidement après des moments intenses. Ils pourront également remarquer qu'ils sont capables de rester concentré même quand ils sont hors d'haleine. LES ATHLETES ONT BESOIN D'APPRENDRE A RESPIRER ! Les athlètes ont besoin de se concentrer sur l'air se déplaçant en dedans et en dehors de leurs poumons, faites attention à la façon dont le corps se dilate et se contracte. En écoutant et en sentant le mouvement de l'air que vous inspirez et que vous expirez par votre nez et votre bouche vous aidera à vous sentir plus détendu et c'est le bon moyen de vous concentrer sur votre respiration. Chaque fois que vous inspirez et ensuite vous expirez, essayez de vous concentrer a entrer dans un état de plus en plus profond de relaxation. Chaque fois que l'oxygène remplit vos poumons, votre corps va se sentir plus énergique et chargé d'émotions positives.

ENVIRONNEMENT: Ajoutez un peu de musique méditative ou de détente dans le fond seulement si cela ne va pas devenir une distraction.

Si la musique de méditation vous aide à entrer dans un état de relaxation, l'inclure par tous les moyens dans votre séance de méditation. Tout et chaque chose qui vous aide à rentrer dans un état plus concentré et détendu doit être utilisé, y compris la musique.

Si vous sentez que vous êtes en mesure de vider votre esprit mieux sans des sons ou de la musique, alors il ne faut pas ajouter de musique à votre environnement.

Normalement je n'ajoute pas de musique tout simplement parce que je trouve que la musique me prend dans d'autres directions ou je ne veux pas toujours aller car certaines musiques me rappellent d'autres pensées et crée des idées. Cela est juste bon pour moi, mais peut-être que la musique est bonne pour vous. Essayez les deux options pour voir ce qui fonctionne le mieux dans votre cas. Certains athlètes aiment écouter de la musique avant la compétition, car ils estiment qu'elle les relaxe ou les met de bonne humeur. Trouvez ce qui fonctionne pour vous et respectez-le.

LES POSITIONS POUR MÉDITER

Quand il s'agit des positions pour méditer, cela vous revient fondamentalement. Il n'y a aucune mauvaise ou bonne position, seule celle qui vous mènera dans le meilleur état de concentration. Pour certaines personnes, assis sur une chaise est excellent a cause de l'appui arrière, tandis que d'autres préfèrent être près du sol et décideront de s'asseoir sur une serviette.

Pour les personnes qui sont moins souples la position du lotus pourrait être quelque chose que vous pouvez ignorer ou essayer plus tard, car elle pourrait devenir trop inconfortable à tenir pendant une longue période de temps. Encore une fois, assurez-vous que vous pouvez rester dans la même position pendant la période de temps que vous avez décidé de méditer ou bien choisir une autre position.

Position assise

Pour la position assise, trouvez simplement une chaise qui vous permettra de vous concentrer sans vous faire sentir trop à l'aise ou trop détendu, et dans laquelle vous risquez de vous sentir somnolent. Assurez-vous que votre dos est droit lorsque vous êtes assis et que vos pieds peuvent toucher le sol car vous ne voulez pas finir votre séance de méditation avec des maux de dos. Certaines personnes préfèrent ajouter un oreiller mou à leur chaise pour se sentir plus à l'aise.

A genoux sur le plancher

Enlevez vos chaussures et chaussettes si vous voulez et agenouillez-vous sur le sol. Asseyez-vous à genoux sur le dessus d'un tapis doux ou une serviette pliée pour avoir vos orteils pointant derrière vous et vos hanches directement au-dessus de vos talons. Votre dos doit être droit et détendu pour permettre à vos poumons de se dilater et se contracter autant de fois que nécessaire. Vous voulez créer un lien très fort grâce à votre respiration et pour ce faire, l'air doit aller dans et hors de vos poumons dans un mouvement fluide.

La position birmane

La position de Birmanie est semblable à une position d'étirement de papillon mais avec une modification de la position des pieds. Asseyez-vous sur le sol et ouvrez vos jambes, puis pliez vos genoux tout en apportant vos pieds vers la partie intérieure de vos jambes. Un pied doit être en face de l'autre. Dans cette position essayez de garder vos genoux aussi bas que possible. Si vous vous sentez mal à l'aise, choisissez une autre position, car il ya beaucoup d'options. Vos mains doivent être à vos côtés ou ensemble dans une position de doigts qui s'entrecroisent. Votre dos doit être droit et votre front s'inclinant légèrement vers le haut et a l'avant pour vous permettre d'inspirer et d'expirer d'une manière pleine et entière. Ceci est une position de méditation avancée, il n'est donc pas nécessaire de démarrer par cette position, sauf si elle vous convient parfaitement et dans laquelle vous vous sentez complètement détendu.

Position du Lotus

La position du Lotus est très similaire à la position birmane mais avec une petite modification. Vous devrez apporter vos pieds sur le dessus de vos cuisses tandis que dans une position birmane, vos mains doivent être à vos côtés ou ensemble dans une position de doigts qui s'entrecroisent.

Mes genoux se sentent mal à l'aise dans cette position donc je ne l'utilise pas pour mes séances de méditation, mais vous êtes libre d'essayer aussi longtemps que cela ne vous cause pas de douleur. Vous ne voulez pas que la douleur que vous ressentez prenne toute votre attention et vous éloigne de votre objectif de respiration concentrée et calme. Si cette position ne vous convient pas, il vous suffira d'en choisir une autre.

Position couchée

Allongez-vous sur le tapis, sur la serviette, ou sur une couverture et détendez vos pieds et vos mains. Vos mains doivent rester à vos côtés et vos pieds vers le haut ou vers l'extérieur. Vos mains peuvent être placées sur le ventre dans une position légère mais toujours à vos côtés. Votre tête doit rester face au plafond ou vers le ciel. Si vous vous inclinez d'un côté ou de l'autre, ceci ne vous permettra pas de rester concentré pendant de longues périodes de temps et vous pourriez même finir pars attraper un torticolis au cou. Ceci est une excellente position pour méditer (lorsqu'elle est effectuée correctement) aussi longtemps que vous ne vous endormez pas. Si vous pourriez avoir ce problème, il vous suffira alors de choisir une autre position.

Position de papillon

Dans cette position, vous aurez besoin de vous asseoir sur votre tapis ou une serviette, ouvrez vos jambes, puis apportez vos pieds ensemble afin que chaque pied soit en face de l'autre. Vos genoux pourraient pointer vers le haut ou ils pourraient aller vers le sol, cela n'a pas d'importance tant que vous vous sentez à l'aise et vous arrivez à vous détendre dans cette position. Assurez-vous que votre colonne vertébrale est droite et équilibrée.

CHAPITRE 6: MÉDITER POUR UN MAXIMUM DE RÉSULTATS AU BASKETBALL

Méditer pour atteindre votre potentiel maximum dépendra de votre capacité à vous concentrer sur une pensée ou un problème et rester concentré aussi longtemps que nécessaire pour résoudre le problème ou jusqu'à ce que vous vous rendiez compte de votre objectif. Cela va créer la confiance et l'auto-conviction dont vous pourriez avoir besoin pour accomplir les tâches futures.

Lorsque vous méditez et que vous voulez obtenir le maximum de résultats, il vous faudra suivre ces étapes exactes à chaque fois. Si vous modifiez ou éliminer toute étape, vous allez finir par changer l'issue de la séance de méditation.

Ces étapes sont:

1er: Trouvez un endroit tranquille où vous ne serez pas dérangé.

2e: Placez un tapis, serviette, une couverture ou une chaise là où vous avez décidé de méditer.

3ème: Assurez-vous que vous avez eu un repas léger ou une collation environ une heure avant de méditer.

4e: Choisissez une position dans laquelle vous serez à l'aise durant toute la session. Cela pourrait être: assis sur une chaise, ou allongé sur une natte, ou assis dans une position birmane, ou position Lotus ou la position de papillon, ou à genoux sur un tapis, ou toute autre position de méditation confortable mentionnée précédemment.

5e: Commencez votre modèle de respiration. Si vous voulez vous calmer et vous détendre, vous devez choisir d'expirer plus d'air que vous n'en inspirez (sauf si vous faites une méditation de pleine conscience, car en ce cas vous ne devriez pas essayer de contrôler votre respiration mais tout simplement sentir l'air entrer dans vos poumons, puis sortir dans votre environnement.). Par exemple, inspirer 4 secondes, puis expirez pendant 6 secondes. Lorsque vous essayez de vous dynamiser parce que vous vous sentez trop détendu ou juste réveillé, vous respirez plus d'air que vous n'en inspirez dans un rapport spécifique que vous pouvez décider à l'avance. Par exemple, inspirer 5 secondes puis expirez 3 secondes. Rappelez-vous chaque séquence de la respiration doit être répétée au moins 4 à 6 fois pour permettre à votre respiration de ralentir votre esprit et vous mettre dans un état de calme pour mieux méditer. Pour tous les modèles de respiration vous inspirez par le nez et expirez par la bouche, à l'exception de la méditation de pleine conscience ou la respiration se fera uniquement par le nez car l'accent n'est pas mis sur votre respiration.

6e: Une fois que vous avez terminé de faire vos modes de respiration de la manière expliquée dans le chapitre des modes de respiration, vous devriez commencer à vous concentrer sur quelque chose que vous voulez obtenir, atteindre, ou tout simplement avoir un aperçu dans votre esprit. Concentrez-vous sur ceci aussi longtemps que possible. De courtes sessions vous donnent des résultats durables alors que les longues sessions ont tendance à vous aider à maintenir ce niveau de concentration même après que vous ayez fini de méditer. Tous les athlètes savent que quand il est temps de rivaliser, (en particulier lorsqu'ils sont sous pression), ils ont besoin de rester concentrés. Pouvoir le faire pour une plus longue période de temps sans perdre leur concentration leur permettra de surpasser la concurrence. Ceci est la différence entre les champions et les autres!

7e: Cette pensée devrait maintenant évoluer vers un clip mental court ou long que vous créez dans votre esprit pour vous aider à réaliser ce que vous voulez, dans votre esprit en premier, avec l'objectif, à terme, que cela se produise dans une situation de vie réelle. Soyez aussi précis que possible et restez détendu dans le processus. Cette septième étape ajoute de la visualisation au processus, mais il n'y a rien de mal car cela ne peut que vous être bénéfique. Cette étape est cependant nécessaire si vous voulez juste garder les choses simples.

8e: Les athlètes ont besoin d'utiliser la respiration pour terminer leur séance de méditation à la fin comme ils l'ont commencée. Si vous ne devez pas rivaliser le même jour, vous pouvez utiliser des modèles de respiration lente comme dans l'exemple ci-dessous:

Modèle de respiration lente normal: Commencez par prendre l'air par le nez lentement et en comptant jusqu'à 5. Puis, expirez en comptant lentement à rebours de 5 à 1. Vous devez répéter ce processus 4 à 10 fois jusqu'à ce que vous vous sentiez complètement détendu et prêt à méditer. Les athlètes doivent se concentrer sur la respiration par le nez et par la bouche pour ce type de modèle de respiration.

Si vous avez une compétition le même jour, vous devriez dynamiser votre corps et votre esprit à la fin, en utilisant les modèles de respiration rapide, comme celui décrit ci-dessous:

Modèle de respiration normal rapide: Commencez par prendre l'air par le nez lentement et en comptant jusqu'à 5. Puis expirez en comptant lentement à rebours de 3 à 1.

Vous devez répéter ce processus 6 à 10 fois jusqu'à ce que vous vous sentiez complètement détendu, mais sous tension. Les athlètes doivent se concentrer sur la respiration par le nez et par la bouche pour ce type de modèle de respiration.

Pour les athlètes qui font de la méditation de pleine conscience, leur session devrait se terminer dès la fin de leur méditation, car le but de cette forme de méditation n'est pas la respiration mais plutôt de calmer leur esprit et de se focaliser sur une pensée spécifique.

CHAPITRE 7: TECHNIQUES DE VISUALISATION POUR DES RÉSULTATS AMÉLIORÉS AU BASKETBALL

Les trois principaux types de techniques de visualisation:

Il existe de nombreux types de visualisations qui peuvent être effectuées. Les trois types courants sont les visualisations de motivation, la résolution de problèmes, et les visualisations axés sur les buts.

Les athlètes dans tous les domaines utilisent couramment des visualisations sous une forme ou une autre, parfois sans même le savoir, ils les font. Pour certains, cela se fait tout en étant éveillé, c'est ce qu'on appelle rêver le jour, et pour d'autres, ces visualisations pourraient arriver dans leurs rêves, mais ils n'auront pas de contrôle sur le résultat.

Lorsque vous visualisez vous êtes en contrôle de tout ce que vous voyez dans votre esprit et vous pouvez concevoir le début et la fin selon ce que vous souhaitez. Être créatif est utile puisque les choses n'arrivent pas toujours de la façon dont nous les prévoyons dans la vraie vie, mais en se préparant mentalement et émotionnellement pour tous les résultats possibles, les choses deviennent plus faciles à gérer lorsque vient le temps de les réaliser. La performance au sommet (Peak

Performance) est un terme utilisé pour quand vous êtes "dans la zone" et à votre meilleur. Il est plus facile d'effectuer à votre pic lorsque vous avez préparé votre esprit grâce à des visualisations.

Pourquoi visualiser pour vous motiver?

Certaines personnes ont du mal à trouver la bonne motivation sous pression pour faire ce qu'ils sont censés faire au lieu d'être intimidés par leur entourage et les gens qui les regardent. En vous motivant grâce à des visualisations et en vous disant de faire mieux et de vous pousser plus fort, vous voyez les pensées que vous voulez réaliser dans votre esprit, vous débloquerez les possibilités du cerveau pour passer à travers la peur, l'anxiété, la nervosité et la pression impliquée lorsque vous êtes en concurrence.

Quelle est la résolution des problèmes de visualisations?

La résolution des problèmes de visualisation est une forme courante de l'entraînement mental et peut être la plus utile de toutes les techniques de visualisation. Souvent, les athlètes trouvent qu'ils continuent à répéter maintes fois les mêmes erreurs uniquement pour finir par arriver au même résultat. Ceci est parce qu'ils ont besoin de prendre le temps d'analyser la situation et de rechercher toutes les solutions possibles à leurs problèmes. Il suffit de trouver le temps de visualiser, et ce sera du temps bien dépensé quand vous avez besoin de résoudre un problème spécifique. Avoir trop de distractions pendant la journée, à la fois mentales et visuelles, peut ralentir la Vitesse à laquelle vous pourriez trouver une solution à ce que vous souhaitez corriger. Ce pourrait être une habitude que vous avez formé dont vous ne pouvez pas vous débarrasser. Il se peut également que vous faites votre pire performance quand ça compte le plus. D'autres fois, il se peut que vous perdiez votre sang-froid ou que vous deveniez trop émotif alors que vous aviez besoin de garder votre sang-froid.

Beaucoup de situations possibles dans lesquelles un athlète peut se trouver et ne pas savoir quelle approche prendre, pourraient être la raison principale que la réussite tarde à venir ou ne se réalise jamais.

La première étape est de trouver le temps de résoudre les problèmes et de visualiser.

La deuxième étape pour la résolution de problèmes est de déterminer quel est le problème et comment il vous affecte.

La troisième étape consiste à trouver des solutions alternatives qui peuvent vous emmener dans la bonne direction ou qui peuvent éliminer le problème. Dans certains cas, vous pourriez avoir à demander à d'autres personnes qui ont vécu des situations semblables et savoir comment elles ont approché ce problème et si leur solution pourrait être une option dans votre cas.

La quatrième étape est de visualiser comment vous allez physiquement effectuer cette solution et la rendre aussi vivante et réelle que vous le pouvez.

La cinquième étape est de faire des corrections lorsque vous avez mentalement vu que ça ne marchera pas et de trouver une alternative. Vous pouvez aussi tout simplement appliquer la solution dans la vie réelle, et si cela ne fonctionne pas revenir à la visualisation plus tard pour trouver une meilleure solution. Ceci est plus une méthode d'« essai et erreur » de technique de visualisation, mais peut être utilisée comme un outil pratique pour vous y rendre en la combinant avec des visualisations.

Que sont les visualisations axées sur les buts?

Les visualisations orientées vers un but sont des images mentales et des vidéos que vous voulez créer dans votre cerveau lors de la visualisation et qui se concentre sur la réalisation d'un objectif spécifique. Cela peut être: gagner une compétition, l'amélioration de votre temps record, la formation de plus d'heures par jour, ajouter "X" quantité de protéines à votre alimentation, ne pas se fatiguer autant (certains d'entre eux sont des objectifs axés sur les résultats et certains sont des objectifs de rendement sur la base. Les deux sont importants lors de la planification de votre session de visualisation et de progrès futurs en tant qu'athlète.)

Ceci est lorsque vous vous entraînez physiquement. Pour voir les résultats à la fin de tout le travail dur. L'utilisation de visualisations complète l'entraînement en faisant la dernière et la plus importante partie de la préparation pour la compétition. Vous préparez votre esprit et votre corps à performer à leur meilleur afin que vous puissiez le faire quand ça compte le plus. La Nutrition et l'entraînement physique prépareront votre corps. La Méditation, les modes de respiration et les visualisations prépareront votre cerveau. La combinaison des deux vous donnera le plus grand avantage concurrentiel que vous puissiez vouloir.

CHAPITRE 8 : TECHNIQUES DE VISUALISATION : VISUALISATIONS MOTIVATIONNELLES

Apprendre à trouver l'inspiration

Être inspiré en vous voyant réussir par les visualisations est une grande expérience à vivre et un magnifique effet que la visualisation peut créer dans votre vie.

Apprenez à vous inspirer et croyez que les choses sont possibles dans votre propre vie parce qu'elles le sont. Les athlètes se limitent souvent parce qu'ils ne rêvent pas assez grand. Avec un peu de planification et une certaine discipline beaucoup de choses sont possibles, peu importe la façon dont elles peuvent sembler difficile.

Que sont les visualisations de motivation?

Les visualisations de motivation sont des images mentales que vous allez créer, où vous vous voyez être confiant, rayonnant, et couronné de succès. Vous inspirer par une image de soi positive amplifiée est puissant et peut avoir des répercussions dans d'autres parties de votre vie.

Vous devriez vous imaginer atteindre un but lors de la visualisation.

Ce sont là quelques questions que vous voulez vous poser lors de la préparation pour effectuer des visualisations de motivation:

- Comment voulez-vous vous habiller pour concurrencer si vous pouviez choisir un uniforme, des vêtements, ou une tenue?

- Comment voulez-vous marcher avant la compétition si vous aviez toute la confiance du monde?

- Quel serait l'environnement parfait pour vous et pour votre compétition ?

 - Quelles expressions faciales auriez-vous si vous deviez gagner?

- De quoi auriez-vous l'air si vous aviez perdu 10 livres de graisse et que vous deveniez plus mince, plus rapide et plus explosif?

- Qu'est ce que vous ressentiriez si vous si vous vous sentiez en confiance?

- Que feriez-vous si vous avez gagné le concours ou atteint votre objectif?

Pour réussir et arriver à un objectif, il vous faut construire le désir de l'atteindre, afin que vous donniez autant d'efforts que possible pour y arriver. Avoir une forte volonté d'atteindre vos objectifs augmentera vos chances de percer et de réaliser la victoire mentale qui fera la vraie victoire possible.

Les visualisations motivationnelles peuvent être utilisées à différentes fins dans votre vie personnelle, et peuvent améliorer votre performance globale dans votre vie sportive et surtout si vous essayez de renoncer à un vice, comme le tabagisme, l'alcool, la colère ou la peur incontrôlable, trop manger, faire la fête, le jeu, etc.

CHAPITRE 9 : TECHNIQUES DE VISUALISATION : VISUALISATION POUR LA RÉSOLUTION DE PROBLÈMES

Les Visualisations doivent être faites correctement et dirigées vers les meilleures techniques de résolution de problèmes. Pour cette raison, la détermination de ce qui fonctionnera le mieux est l'étape la plus importante. Pour cela, nous allons regarder comment la plupart des athlètes abordent leurs problèmes.

Comment la plupart des athlètes approchent la résolution de leurs problèmes?

Il y a plusieurs façons dont les athlètes abordent leurs problèmes et tentent de les résoudre. «Tentative» est le mot clé.

Ce sont les exemples les plus souvent vus de la façon dont les athlètes approchent la résolution de problèmes:

La solution de la colère

Ils se fâchent contre leurs problèmes et se sentent frustrés au point où leur cerveau contribue peu ou pas du tout, car ils sont tellement surmontés par leurs émotions négatives.

La colère est une réaction émotionnelle qui est normale et commune, mais pas nécessairement une solution qui apportera des résultats positifs. Lorsque vous tentez de résoudre vos problèmes, les émotions doivent être mises de côté afin que vous puissiez mieux vous concentrer sur le vrai problème qui doit être abordé.

La gestion de la colère est difficile pour certains et peut prendre du temps à surmonter, mais des activités spécifiques telles que des visualisations, la méditation et le yoga sont une excellente façon de commencer.

La solution du « blâme »

Les athlètes qui blâment les autres pour leurs erreurs ou leurs problèmes doivent sciemment faire un effort pour ne plus blâmer personne. Blâmer les autres pour vos erreurs ou des problèmes est la voie facile de justifier le manque de succès, mais ne résout pas le problème du tout.

D'autres accusent leur équipement et / ou l'environnement sans tenir compte que les changements climatiques et l'environnement auront une incidence sur tous les concurrents et pas seulement sur eux. Blâmer la défaillance de l'équipement n'est tout simplement pas sur quoi l'on devrait être axé, car une bonne préparation peut facilement résoudre ce problème. Parfois, l'équipement pourrait ne pas avoir tous de défauts du tout et cela pourrait être juste une façon de blâmer quelque chose d'autre que soi-même. Assumer la responsabilité de ses actions est le plus difficile, mais la façon la plus productive pour passer à une véritable solution.

La solution du "pleurnichage"

Geindre et se plaindre fait que vous serez entendus par les autres et vous-même, mais ne fait que retarder l'inévitable résultat de l'échec si des mesures ne sont pas prises pour remédier à la situation. Pleurnicher commence à un jeune âge lorsque vous ne recevez pas ce que vous voulez, mais la pire des choses chose qui puisse arriver est de vous donner ce qui est la raison de vos plaintes, car cela ne vous permet pas de résoudre le problème correctement.

Apprendre à faire face à une performance négative devrait être un élément clé lors de l'élaboration de la ténacité mentale. Devenir fort mentalement ne se fait pas parce que vous avez eu un chemin facile vers le succès. La force provient normalement de ne pas céder à des résultats négatifs et à l'échec.

La solution «arrêter-d'essayer"

Ne faire aucun effort pour réussir et essentiellement abandonner est un choix que certains athlètes font mais il n'y a pas de quoi en être fier puisque tant de meilleures options existent. La formation de votre cerveau pour trouver des alternatives pour réussir au lieu d'abandonner sera toujours un meilleur chemin et bien plus fructueux.

La solution "répéter la délinquance»

La répétition et le délinquant est l'athlète qui continue à faire la même erreur encore et espère avoir un résultat différent. Nous avons tous été victimes de cette erreur mentale, mais elle peut devenir un point de départ pour ceux d'entre vous qui reconnaissent ce défaut et veulent faire un vrai changement qui retourneraient complètement leurs résultats. Il suffit de changer la façon dont vous résolvez votre problème, ce qui est déjà une amélioration, même si ce n'est pas une direction précise que vous suivez, mais un chemin différent et ce chemin différent vous donnera quand même une chance de changer les choses.

La solution "essais et erreurs"

La solution "essais et erreurs" est simplement d'essayer de nouvelles approches à votre problème et de voir si elles sont une solution au problème. Le résultat sera que vous finirez par trouver la bonne solution à votre problème, mais ça peut prendre plus longtemps que vous ne le souhaitez ou plus longtemps que vous ne pouvez vous le permettre.

Ceci est une bien meilleure approche que les dernières solutions mentionnées mais vous pouvez apprendre à faire de meilleurs choix, même en séparant certains facteurs et certaines conditions de vos options et c'est ce que nous verrons par la suite.

La solution «meilleure probabilité"

Lorsque nous devons résoudre des problèmes, nous savons tous que nous avons des solutions de rechange et des choix que nous pouvons faire pour trouver une solution, mais en sachant laquelle sera la plus utile et la valeur de visualiser sur ce qui importe le plus.

L'utilisation de probabilités vous aide à quantifier ce que vous essayez de résoudre dans votre esprit.

Par exemple, si vous trouvez que chaque fois que vous vous réchauffez, vous commencez à être nerveux, mais vous ne savez pas pourquoi. Finalement, une fois que vous finissez votre échauffement, votre nervosité disparait et vous vous sentez bien. Maintenant, vous savez que concentrer la visualisation sur votre rendement réel ne représente que moins de 10% du problème, puisque vous savez que l'échauffement est vraiment 90% de votre problème. Vous pouvez travailler sur votre performance mentalement, mais trouver une résolution à votre problème d'échauffement va vous fournir les résultats les plus précieux, car il représente 90% de votre problème et se traduira par une amélioration de 90% de votre performance globale.

Un autre exemple serait si vous trouvez que chaque fois que vous êtes dans une situation de pression vous gelez et sous-performez. Ce moment-clé compte pour 100% de vos résultats sur la base des performances passées.

Puisque cela représente le plus en termes de changements en vue de ce que vous voulez atteindre, vous devriez concentrer à 100% de vos séances de visualisation sur la recherche de solutions à ce moment clé. De cette façon, vous serez plus productif de votre temps.

Se concentrer sur ce qui importe le plus sera le plus important changement, donc apprenez à vous concentrer et à diriger vos visualisations sur ce qui va vous aider le plus et non sur les problèmes sans importance qui, même s'ils sont résolus, ne vont pas créer une véritable amélioration de vos résultats.

CHAPITRE 10 : TECHNIQUES DE VISUALISATION : VISUALISATIONS ORIENTEES VERS UN BUT

Les objectifs de performance basé vs objectifs axés sur les résultats.

Avant de commencer toutes visualisations axées sur les buts, vous devriez avoir une image claire de ce que vous voulez gagner par la visualisation et quel est le meilleur chemin pour y parvenir.

Quels sont les objectifs basés sur la performance?

Les objectifs basés sur la performance sont des objectifs simples qui peuvent être atteints en faisant des choses que vous savez que vous devez faire pour réussir. Ceux-ci peuvent être d'ordre physique ou mental. Ne pas regarder vos concurrents, la famille et les amis durant votre performance est un excellent exemple d'un objectif basé sur la performance que vous pouvez avoir pour vous-même. Si vous êtes en mesure d'atteindre cet objectif, après avoir participé, alors vous avez accompli ce que vous vous apprêtez à faire et vous serez beaucoup plus près d'atteindre vos objectifs en fonction des résultats.

Un autre exemple d'un objectif basé sur la performance est de vous concentrer à rester calme et de respirer pendant la compétition. Atteindre ce but à la fin sera votre objectif. Atteindre cet objectif vous aidera à arriver beaucoup plus près de la réussite et de réaliser votre potentiel. Il est simple et facile d'arriver à votre objectif lorsque vous êtes à 100% en contrôle. Si vous ne le faites pas la première fois, vous savez que si vous continuez à essayer vous finirez par y arriver et vous pourrez ensuite créer un objectif nouveau et plus difficile basé sur la performance.

Voici d'autres exemples d'objectifs de performance que les athlètes peuvent avoir:

- Faites 1 push-up de plus chaque jour.
- Faites du stretch pour 10 minutes par jour.
- Inspirez et expirez sous pression.
- Concentrez vos yeux sur la tâche à accomplir et non pas sur votre environnement.
- Restez calme lorsque vous sous-performez.
- Conservez votre énergie quand vous vous sentez geler dans des situations difficiles.

Vous pouvez créer vos propres objectifs basés sur la performance et les rendre plus difficiles, tant qu'ils restent réalisables.

Quels sont les objectifs basés sur les résultats ?

Les objectifs basés sur les résultats sont des objectifs que vous faites pour vous-même qui sont axés sur les résultats finaux, et non sur le processus pour y arriver. Quelques exemples d'un objectif axé sur les résultats est de gagner, d'atteindre la finale d'une compétition, de lever "x" poids, d'avoir le meilleur moment, de terminer premier, etc. Les athlètes peuvent avoir des objectifs différents et toujours atteindre le même objectif.

Quelques exemples d'objectifs basés sur les résultats que les athlètes peuvent avoir sont:
- Gagnez 5 championnats avant la fin de l'année.
- Battre un record du monde.
- Terminez premier dans votre pays.
- Gagnez votre première médaille ou un trophée.
- Aidez votre équipe à se rendre à leur première finale.
- Allez plus haut que vous ne l'avez jamais fait.
- Exécutez votre temps le plus rapide.
- Nager le plus loin que vous ne l'avez jamais fait.
- Atteindre la ligne d'arrivée avant tout le monde.
Les objectifs basés sur les résultats sont le résultat d'objectifs de performance cohérents, organisés, et qui augmentent progressivement.

Durant la visualisation, vous avez besoin de visualiser la réussite dans les deux buts d'atteindre votre performance et les objectifs basés sur les résultats. Vous pouvez alterner les jours pour vous concentrer sur l'un puis l'autre ou tout simplement vous en tenir à des objectifs basés sur la performance d'abord et une fois que vous sentez que vous pouvez confortablement les atteindre, vous pouvez passer à des objectifs basés sur les résultats.

Avoir des objectifs est la clé pour aller de l'avant et ils doivent être visualisés au moins une fois par semaine afin que vous ayez une image claire de ce que vous travaillez à atteindre. C'est le meilleur moyen d'avancer et de voir que vous avancez dans le processus. Sans objectifs, vous n'aurez pas de voie à suivre vers le succès. Tracez ce chemin dans votre esprit à travers vos visualisations et ensuite transformez-les en réalité en les mettant en pratique durant l'entraînement ou en compétition.

CHAPITRE 11: TECHNIQUES DE RESPIRATION POUR MAXIMISER VOTRE EXPERIENCE DE VISUALISATION ET AMELIORER VOS PERFORMANCES

Les modèles de respiration seront la clé pour régler le rythme de votre session de visualisation et aussi pour entrer dans un état hyper concentré.

Durant la visualisation, vous devez faire attention à des modèles de respiration et les diriger à travers votre session. Tous les modèles de respiration doivent être effectués par la respiration par le nez et par la bouche.

Afin d'entrer dans un état plus détendu, votre fréquence cardiaque doit baisser et pour ce faire, la respiration sera essentielle. Les motifs que vous utilisez faciliteront ce processus pour vous aider à atteindre des niveaux plus élevés de concentration. Avec la pratique, ces modèles de respiration deviendront une seconde nature pour vous. Décidez à l'avance si les modes de respiration lente sont mieux pour vous ou si les modèles de respiration rapide seront ce dont vous avez besoin. Les modes de respiration lente vous détendent et les modes de respiration rapide vous dynamisent.

Modèles de respiration lente

Afin de ralentir votre respiration, vous aurez envie de prendre l'air lentement et pendant une période de temps plus longue, puis relâchez lentement également. Pour les athlètes, ce type de respiration est bon pour vous détendre après une formation ou une heure environ avant la compétition. Différents rapports de l'air qui rentre et l'air qui sort vont affecter votre niveau de relaxation, et à son tour votre capacité à atteindre un niveau optimal de visualisation.

Modèle de respiration lente normal: Commencez par prendre l'air par le nez lentement et en comptant jusqu'à 5. Puis expirez lentement en comptant à rebours de 5 à 1. Vous devez répéter ce processus 4 à 10 fois jusqu'à ce que vous vous sentiez complètement détendu et prêt à vous concentrer. Les athlètes doivent se concentrer sur la respiration par le nez et par la bouche pour ce type de modèle de respiration.

Modèle de respiration lente avancée: Commencez par prendre l'air par le nez lentement et compter à 7. Expirez lentement par la bouche en comptant à rebours de 7 à 1. Vous devez répéter ce processus 4 à 6 fois jusqu'à ce que vous vous sentiez complètement détendu et prêt à vous concentrer.

Modèle de respiration lente pour les athlètes hyperactifs: Commencez par prendre l'air par le nez lentement et comptez jusqu'à 3. Ensuite, expirez lentement par la bouche en comptant à rebours de 6 à 1. Vous devez répéter ce processus 4 à 6 fois jusqu'à ce que vous vous sentiez détendu et prêt à vous concentrer. Ce modèle va vous forcer à ralentir complètement. La dernière répétition de cette séquence devrait se terminer avec 4 secondes d'inspiration et 4 secondes d'expiration pour stabiliser votre respiration.

Modèle de respiration Ultra lente: Commencez par prendre l'air par le nez lentement et compter à 4. Expirez lentement par la bouche en comptant à rebours de 10 à 1. Vous devez répéter ce processus 4 à 6 fois jusqu'à ce que vous vous sentiez complètement détendu et prêt à visualiser. Ce modèle va vous forcer à ralentir progressivement. Les 2 dernières répétitions de cette séquence doivent se terminer par 4 secondes d'inspiration et 4 secondes d'expiration pour stabiliser votre respiration et l'équilibre du ratio de l'air qui rentre et qui sort.

Modèles de respiration pour se stabiliser avant de méditer: Ceci est un bon type de modèle de respiration qui doit être utilisé si vous sentez que vous êtes déjà calme et que vous voulez commencer immédiatement à méditer. Commencez par prendre l'air par le nez lentement et comptez jusqu'à 3. Ensuite, expirez lentement en comptant à rebours de 3 à 1. Vous devez répéter ce processus 7 à 10 fois jusqu'à ce que vous vous sentiez complètement détendu et prêt à vous concentrer. Les athlètes doivent se concentrer sur la respiration par le nez et par la bouche pour ce type de modèle de respiration.

Modèle de respiration rapide

Les modes de respiration rapides sont très importants pour les athlètes afin de se surexciter et d'être prêt à rivaliser. Même si ce type de modèle de respiration est plus efficace lors de la visualisation, il sera tout aussi utile pour méditer. Pour les athlètes qui sont très calmes et ont besoin de se sentir plus en contrôle de leur esprit, ils pourraient vouloir utiliser ces modèles pour se rendre eux-mêmes prêts à visualiser.

Modèle de respiration normal rapide: Commencez par prendre l'air par le nez lentement et en comptant jusqu'à 5. Puis, Expirez lentement en comptant à rebours de 3 à 1. Vous devez répéter ce processus 6 à 10 fois jusqu'à ce que vous vous sentiez complètement détendu et prêt à visualiser. Les athlètes doivent se concentrer sur la respiration par le nez et par la bouche pour ce type de modèle de respiration.

Modèle de respiration rapide prolongé: Commencez par prendre l'air par le nez lentement et compter jusqu'à 10. Ensuite, Expirez lentement par la bouche en comptant à rebours de 5 à 1. Vous devez répéter ce processus 5 à 6 fois jusqu'à ce que vous vous sentiez complètement détendu. Si vous avez de la difficulté à 10 au premier abord, tout simplement réduire le nombre à 7 ou 8. Mettez l'accent sur la respiration par le nez et par la bouche.

Modèle de respiration rapide Pré-compétition: Commencez par prendre l'air par le nez lentement et compter à 6. Ensuite, relâchez rapidement dans un souffle tout en expirant par la bouche. Vous devez répéter ce processus 5 à 6 fois jusqu'à ce que vous vous sentiez complètement détendu et prêt à vous concentrer. Vous pouvez ajouter 2 répétitions à cette séquence avec 4 secondes pour inspirer et 4 secondes pour expirer pour stabiliser votre respiration et équilibrer le ratio de l'air qui rentre et l'air qui sort.

Tous ces types de modèles de respiration améliorent la performance et peuvent être utilisés pendant la compétition en fonction de votre niveau d'énergie ou de la nervosité.

Pour les athlètes qui se sentent nerveux avant la compétition, vous devriez utiliser des modèles de respiration lente.

Pour les athlètes qui doivent se remplir d'énergie avant la compétition, vous devez utiliser les modes de respiration rapide.

En cas d'incertitude, une combinaison de modes de respiration lente suivie par les modèles de respiration rapide vous donnera des résultats optimaux.

Pendant les sessions de formation ou pendant la compétition en vous sentant épuisés ou hors d'haleine, utilisez le mode de respiration du souffle normal rapide pour aider à récupérer plus vite.

Les modèles de respiration sont une excellente façon de contrôler vos niveaux d'intensité ce qui à son tour vous permettra d'économiser de l'énergie et vous permettra de récupérer plus rapidement.

COMMENTAIRES DE CLÔTURE

Ayant une formation organisée, de la nutrition correcte, et un plan de la force mentale peut faire toute la différence dans le monde. Prendre le temps de travailler et de développer chaque aspect de ce livre vous donnera les meilleurs résultats et permettra à votre corps de s'adapter à cette nouvelle et meilleure forme de préparation. Ne sachant pas quoi faire ou comment commencer à faire un changement pour de bon est la raison la plus commune pour laquelle la plupart des gens n'arrivent pas à améliorer leur performance après un certain point. Ce livre vous guidera à travers les parties les plus importantes d'un programme de formation complet et vous permettre d'atteindre un nouveau «ultime» de vous.

AUTRES GRANDS TITRES PAR CET AUTEUR

The Ultimate Guide to Weight Training Nutrition:
Maximize Your Potential
By Joseph Correa

Becoming Mentally Tougher In Bodybuilding by Using
Meditation: Reach Your Potential by Controlling Your
Inner Thoughts
By Joseph Correa

CPSIA information can be obtained
at www.ICGtesting.com
Printed in the USA
BVHW041421270820
587259BV00022B/439